JN438941

창업을 위한 웰빙 우리음식

이애자 · 최정희 · 서강태 · 정지연 공저

대가

머리말

조리 보조로 시작해 호텔의 한식조리장을 거쳐 대학 외식산업학부에 몸담고 있는 현재까지 조리에 입문한 지 벌써 26년째이다. 처음 완성한 요리가 손님 앞에 서빙됐을 때 한쪽에서 손님이 어떻게 드시나 지켜보며 서빙 직원이 들어올 때마다 손님의 반응을 물어보며 조마조마해하던 시절이 있었다. 이제는 음식만 먹어봐도 재료가 무언인지, 맛을 잘못 낸 음식에 무엇을 더 가미하고 어떻게 변형해야 제맛을 내는지 알만한 경륜이 된 것 같다.

내가 만나는 많은 사람들이 똑같은 질문을 한다. 어떻게 하면 요리를 잘할 수 있는지. 그럴 때마다 내 대답은 항상 같다. "요리를 어렵게 생각하지 말고 구하기 쉬운 재료로 간단하고 쉽게 만들면 됩니다."

이것저것 복잡한 양념을 사용하다보면 재료 본연의 맛보다는 인공적인 맛이 강한 요리가 되는 경우가 많다. 요리란 단순한 것에서부터 만들어진다. 특히 한식의 양념은 세계 어느 나라보다도 간단해 쉽게 맛있는 요리를 만들 수 있다. 하나 더 보태자면 우리음식은 무침요리가 많아 손을 사용하는 경우가 빈번해 요리하는 사람의 감정을 배제할 수 없다. 즉,'최고의 향신료는 정성'이라고 할 수 있다. 다만 채를 써는 요리가 많고, 모양을 중시하여 손이 많이 가는 불편함은 있지만 이 역시도 종류별 양념재료를 미리 만들어 놓고 사용한다면 어렵지 않다.

항상 새로운 요리책을 쓸 때는 책을 보고 요리를 만들 사람들을 생각하며 가능한 간단하고 쉽게 레시피를 정리한다. 더욱이 한식은 웰빙, 로하스 열풍에 힘입어 건강요리로 각광받고 있다. 한식의 기본이 되는 '좋은 음식보다 좋은 약은 없다'는 생각을 바탕으로 식재료의 기능과 영양을 고려하여 메뉴를 설정하고 작업을 하였으며 이에 따른 건강 관련 팁을 기술하였다.

최근에 많은 직장인들이 조기퇴직을 하면서 창업 업종으로 요식업을 염두에 둔다. 실제로 필자에게도 창업 컨설팅 문의가 많이 들어온다. 이럴 때 외식 프랜차이즈나 체인사업으로 시작하면 보다 창업이 수월하겠지만 천문학적인 초기 자본과 잘 되지 않았을 때의 위험부담을 고스란히 떠안고 시작해야 하는 단점이 있다.

이 책에서는 창업을 생각하는 예비 사장님과 조리를 배우는 수강생들을 위해 메뉴 선정에 도움이 되고자 현재 성업 중인 메뉴를 골라 쉬운 레시피를 만들어보았다. 더불어 창업음식에 곁들이는 반찬과 후식 또 그외의 생활 퓨전요리를 구성하여 한식을 좀 더 쉽게 배우고 이를 응용하여 스스로 독창적인 요리를 만들 수 있기를 바라는 마음에서 책을 구상하게 되었다. 음식의 깊은 맛을 내는 데는 세밀하지 못한 부분이 있을 수 있으나 이 부분은 독자들 스스로가 터득하고 숙련시키는 노력에 가늠하기로 하며 부족한 부분을 메우고자 한다.

이 책을 내기까지 도움을 주시며 함께 작업하신 서강태 교수님, 영양과 기능을 고려한 건강 음식을 만들 수 있는 교재가 될 수 있도록 메뉴와 식재료를 연관하여 건강 팁을 써주신 최정희 교수님, 같이 실무와 교정에 힘쓴 정지연 선생님께 감사드리며 제자 이승환, 주성진, 맹다솜, 서재홍 학생에게도 감사의 말을 전한다. 특히 더운 여름에 조리작업이 원만히 이루어지도록 물심양면 도움을 주신 이선화 과장님과 여름 감기에도 사진촬영을 맡아주신 지윤석 주임님께 깊은 감사를 전하며 마지막으로 이 책의 출판을 위해 애써주신 도서출판 대가의 김호석 대표님과 김여정 팀장님께도 감사드린다.

2011년 9월

이애자

한식창업

c o n t e n t s

반찬

김치·후식

생활·퓨전요리

요리 개량 단위

본 요리책에서는 그동안 한식조리에서 애매모호하게 표시되었던 '약간량', '적당량', '개', '큰술'의 개량 단위를 모두 정량화 하여 g, ml로 표기하였다. 그러나 기존의 개량 단위에 익숙한 분들을 위해 다음과 같은 기준을 제시한다.

1큰술(일반적인 밥숟가락)

- 가루(설딩, 밀가루, 고춧가루, 깨소금, 소금, 후춧가루 등) : 10g
- 액상(간장, 청주, 참기름 등) : 15ml

1국자(달걀 1개를 깨트려 가득 찬정도)

- 가루(설탕, 밀가루, 고춧가루, 깨소금, 소금, 후춧가루 등) : 30g
- 액상(간장, 청주, 참기름 등) : 50ml

간장게장
갈낙탕
갈비구이
굴칼국수
궁중닭찜
김치찜
낙지볶음과 소면
닭가슴살 비빔밥
닭갈비
닭강정
닭곰탕
닭도리탕
닭칼국수
대구지리
도토리묵밥
돌솥비빔밥
동태찜
막국수
만두전골
매운 쪽갈비찜
물냉면
바지락 부추비빔밥
버섯전골
복지리
부대찌개
불낙전골

비빔냉면
뼈다귀 감자탕
사골우거지 해장국
삼계탕
삼합
생태찌개
선지해장국
수육무침
순두부찌개
쌈밥과 강된장
아구찜
안동찜닭
알탕
양념통닭
오삼불고기
장어무침
쟁반국수
조기매운탕
철판낙지
충무김밥
콩나물국밥
해물매운탕
황태누름적
황태찜
회덮밥

한식창업

간장게장

간장을 끓여 게에 부어서 담근 한국 고유의 젓갈류이다. 게는 지방이 적은 반면 글루타민, 루이신, 알라닌 등 감칠맛을 내는 아미노산과 키토산이 풍부해 담백하면서도 단맛이 있는 건강식품이다. 키토산은 면역력을 증강시키고, 항균작용 및 고혈압 억제작용이 있는 것으로 알려져 있다.

재료(4인분)

꽃게 1kg, 김 4장, 깨소금 20g, 실파 20g, 참기름 40ml
소스 I 간장 1L, 물 2L, 청주 50ml, 설탕 50g, 월계수 잎 1장, 양파 50g(1/2개), 대파 1뿌리, 마늘 50g, 생강 10g, 건 고추 2개, 감초 잎 5장

실습 노트

준비하기

1. 꽃게의 등에 붙은 딱지 속을 칫솔로 깨끗이 문질러 씻는다.
2. 양파, 대파는 잘 다듬어 큼직하게 썬다.
3. 마늘, 생강은 굵게 저민다.
4. 건 고추는 꼭지를 제거한다.

만들기

1. 소스재료를 분량대로 준비하여 20분 정도 끓여 식힌 후 양념재료는 건져내고 꽃게에 붓는다(1차).
2. 하루 지난 뒤 ①의 간장소스만 따라내어 물 500ml를 부어 끓인 다음 식혀서 또 붓는다(2차 : 이때 지저분한 거품은 맑은 거품이 나올 때 까지 걷어낸다).
3. 또 하루가 지난 뒤 ②의 간장소스를 따라내고 월계수 잎 1장을 넣고 다시 끓여서 식힌 후 붓는다(3차).
4. 먹을 때 몸통과 게딱지를 분리하여 김, 깨소금, 실파, 참기름을 곁들인다.

Tip

- 꽃게의 암수 구별법 : 꽃게를 뒤집어 보면 암컷은 하얀 삼각형의 딱지가 둥글고, 수컷은 뾰족하게 모가 나있다.
- 봄철에는 암게가 알이 꽉 차서 맛이 있고 가을에는 수게가 살이 차서 맛이 있다.

갈낙탕

봄 쭈꾸미, 가을 낙지라는 말이 있을 정도로 낙지가 맛있는 가을철, 해안지역에서 많이 먹는 특별한 보양음식이 갈낙탕이다. 낙지의 독특한 맛을 주는 성분인 베타인은 간을 보호하고 숙취해소 기능이 있어 대표적인 강장식품으로 이용되고 있다. 갈비는 충분히 끓여야 연하고 낙지는 질겨지지 않게 다리와 몸통을 나누어 살짝 데치는 정도로 건져 양념장에 찍어 먹어야 제맛이다.

재료(4인분)

소갈비 1kg, 낙지 4마리, 소양지 300g, 무 200g, 양파 100g(1개), 대파 2뿌리, 건 고추 1개, 청주 30g, 마늘 5쪽, 생강 1쪽, 불린 당면 100g, 달걀 1개, 실고추, 조선간장, 소금, 후추

준비하기

갈비탕

1. 소갈비와 양지고기는 찬물에 담가 핏물을 뺀다.
2. 핏물 뺀 갈비는 끓는 물에 데쳐내어 기름기를 제거한다.
3. 핏물을 제거한 갈비와 양지고기, 무, 양파, 대파, 마늘, 생강을 넣고 고기가 물러질 때까지 뭉근히 끓인다.

낙지, 채소

1. 낙지는 머리에 있는 내장을 제거하고, 흡착판의 흙을 깨끗이 씻어 낸다.
2. 당면은 찬물에 불린다.
3. 대파는 5cm 길이로 자른다.
6. 달걀은 황·백 지단을 부쳐 0.5cm로 채 썬다.

만들기

1. 갈비와 양지고기가 충분히 익으면 고기와 채소를 건져내고 육수에 국간장, 소금, 후추로 간을 한다.
3. 무는 나박 썰고, 대파는 끓는 육수에 데쳐낸다.
4. 그릇에 불린 당면과 낙지를 넣고 갈비와 함께 무, 대파를 담는다.
5. 육수를 붓고 한소끔 더 끓이다가 황·백 지단, 실고추로 고명한다.

Tip

- 갈비탕을 끓일 때 채소는 모두 통으로 넣어야 육수가 맑고 깨끗하며 무를 젓가락으로 찔러서 들어가면 모든 채소를 건져낸다.

실습 노트

갈비구이

뼈에 가까이 있는 고기일수록 더 맛있는 법. 한국인들이 가장 선호하는 갈비구이는 강하지 않게 양념해야 고기 본연의 맛을 살릴 수 있다. 냉동 갈비를 사용할 경우 향신채와 배즙으로 재워 수분을 잘 잡아주는 것이 퍽퍽하고 질기지 않게 갈비를 먹는 방법이다

재료(4인분)

소갈비 1kg

양념장 | 간장 50ml, 배즙 50ml, 양파즙 50ml, 조청물엿 50ml, 마늘 15g(5쪽), 파(흰 부분) 15g, 설탕 15g, 청주 30ml, 후춧가루 5g 참기름 15ml, 깨소금 10g

실습 노트

준비하기

1. 소갈비는 뼈 길이를 6cm로 자르고, 0.5cm두께로 포를 길게 뜬다.
2. 배는 믹서에 곱게 갈아 즙을 만든다.
3. 양파, 마늘, 대파는 믹서에 곱게 갈아 즙을 만든다.

만들기

1. 간장, 배즙, 양파즙, 다진 마늘, 물엿, 참기름, 다진 파. 후춧가루, 청주, 깨소금을 분량대로 혼합한다.
2. 혼합한 갈비소스를 고운 체에 걸러낸다.
3. 손질된 갈비를 양념소스에 1시간 정도 재워둔다.
3. 그릴에 굽는다.

Tip

- 간장소스를 대량으로 만들어 보관할 때에는 양념장을 끓여서 걸러 사용하기도 한다.
- 간장소스는 거르지 않고 사용하기도 하나 구울 때 양념 건더기로 지저분해진다.

굴칼국수

굴은 바다의 우유라 불릴 만큼 영양이 풍부한 해산물이다. 칼로리와 지방함량이 적으며 식이조절시 부족한 칼슘을 보충할 수 있어 다이어트에 도움을 준다. 채소와 함께 끓이면 시원하고 감칠맛이 난다.

재료(4인분)

굴 400g, 밀가루 400g, 콩가루 80g, 양파 50g, 배추 30g(1잎), 부추 50g
양념장 | 고춧가루 30g, 국간장 50ml, 다진 마늘 15g, 다진 파 15g, 청양고추(다진 것) 2개, 깨소금 10g, 참기름 15g
육수 | 황태머리 1개, 무 50g, 멸치 20g, 청주 15ml, 생강즙 15ml, 굴소스 20ml, 물 2L

실습 노트

준비하기

1. 밀가루 반죽하기 : 밀가루와 콩가루를 혼합해 소금을 녹인 물 200cc를 넣고 반죽하여 젖은 면보로 덮어 놓는다.
2. 굴은 소금물에 씻어 놓는다.
3. 양파, 배추는 채 썰어 놓는다.
4. 부추는 5cm로 썰어 놓는다.
5. 육수 만들기 : 육수재료를 분량대로 준비하여 끓여서 고운 체에 거른다.
6. 양념장 재료는 분량대로 준비하여 혼합한다.

만들기

1. 숙성된 밀가루 반죽을 얇게 밀어서 0.5cm 넓이로 썬다.
2. 육수가 끓으면 썰어 놓은 칼국수를 넣어 끓인다.
3. 채 썬 양파, 배추, 부추를 넣는다.
4. 국수와 채소가 익으면 간을 약하게 하고 굴을 넣는다.
6. 양념장을 분량대로 혼합하여 곁들인다.

Tip

• 굴칼국수를 끓일 때에는 굴을 마지막에 넣고 한소끔만 끓여야 국물 맛이 깔끔하고 굴이 탱탱하게 보인다.

궁중닭찜

닭은 예로부터 백년지객인 사위를 위해 내놓을 정도로 귀하게 사용된 식재료이다. 닭에는 쇠고기나 돼지고기보다 필수 아미노산의 함량이 많아 보양식으로 많이 사용된다. 궁중음식에는 고춧가루를 천하게 여겨 잘 쓰지 않는 특징이 있어 간장 양념으로 짭짤하고 달콤하며 얼큰하게 조린다.

재료(4인분)

닭 1마리, 당근 1개, 양파 1/2개, 밤 5알, 감자 1개, 대파 1/2뿌리, 은행 10알, 인삼 3년근 1뿌리

양념장 I 진간장 50ml, 다진 마늘 30g, 생강즙 15ml, 청주 50ml, 설탕 30g, 조청물엿(꿀) 30ml, 참기름 15ml, 깨소금 15g

실습 노트

준비하기

1. 닭은 통닭으로 준비하여 배를 가른다.
2. 당근, 감자는 밤알 크기로 모서리를 둥글게 한다.
3. 은행은 볶아서 껍질을 제거한다.
4. 양념장은 설탕을 제외하고 분량대로 혼합한다.

만들기

1. 냄비에 닭이 잠길 정도로 물을 부어 닭을 안치고, 양념장을 끼얹어 삶는다.
2. 닭다리의 뼈가 드러날 정도로 익으면 감자, 당근, 밤과 설탕을 넣고 조린다.
3. 양파, 대파, 인삼, 은행을 넣어 한소끔 익힌다.
4. 매콤한 맛을 내기 위해 청양고추를 썰어 넣기도 한다.

Tip

• 고기를 익힐 때 설탕을 처음부터 넣으면 고기 살이 물러지지 않으므로 마지막에 윤기 나게 조릴 때 넣는다.

김치찜

삼겹살의 구수한 맛이 김치의 새콤한 신맛을 잡아주어 한국인이면 누구나 좋아하는 음식이다. 삼겹살은 한번 데쳐서 기름을 빼고 사용하면 칼로리도 낮아지고 여분의 기름기 때문에 텁텁해지는 것을 막을 수 있다. 김치찜은 잘 익은 묵은지로 끓이면 더욱 부드럽고 맛이 깊다.

재료(4인분)

포기김치 500g(1쪽), 삼겹살 400g, 대파 1뿌리, 두부 1/2모, 팽이버섯 1봉
양념장 | 고춧가루 20g , 다진 마늘 20g, 후춧가루 3g, 청주 30ml
육 수 | 다시멸치 30g, 무 100g, 양파 1개, 대파 1뿌리, 다시마 10g, 물 1L

실습 노트

준비하기

1. 삼겹살은 통으로 준비하여 끓는 물에 데쳐낸다.
2. 찬물에 다시멸치, 무, 양파, 대파, 다시마를 넣고 끓으면 육수를 고운 체에 거른다.

만들기

1. 김치와 데친 삼겹살을 같이 넣고 육수는 재료가 잠길 정도로 부어서 삶는다.
2. 삼겹살과 김치가 물러지면 건져내 먹기 좋은 크기로 썰어 놓는다.
3. 전골냄비에 김치와 삼겹살을 가지런히 담아 육수를 자작하게 붓고, 두부, 대파, 팽이버섯을 곁들여 한소끔 더 끓인다.

Tip

- 김치를 씻지 않고 요리를 해야 김치 특유의 신맛과 돼지고기가 어우러져 맛을 내며, 별도의 간을 하지 않아도 간이 맞는다.

낙지볶음과 소면

해안가 주민들이 진흙 속의 산삼이라고 일컫는 낙지에는 철분, 마그네슘, 칼슘 등 무기질이 풍부하다. 낙지에는 콜레스테롤이 많아 순환계 질환이 있는 사람은 기피하는 경향이 있는데 실제로는 혈중 콜레스테롤 농도를 낮추어 주고 항산화 기능을 하는 타우린이 들어있어 혈관을 튼튼하게 만들어 준다.

재료(2인분)

낙지 2마리, 소면 50g, 양배추 50g, 대파 1뿌리, 양파 1/2개, 애호박 50g , 청고추 1개, 홍고추 1개, 당근 50g, 식용유, 참기름, 통깨

양념장 | 다시육수 50ml, 고춧가루 30g, 고추장 15g, 다진 마늘 15g, 생강즙 15ml, 청주 30ml, 후추 5g 설탕 20g, 소금 5g, 진간장 15ml, 전분 10g

실습 노트

준비하기

1. 낙지는 머릿속의 내장을 제거하고 흡착판의 흙을 깨끗이 씻어 6cm 길이로 썰어 놓는다.
2. 채소는 5×2cm의 골패 모양으로 썰어 놓는다.
3. 분량대로 양념장을 혼합한다.
4. 끓는 물에 소금을 약간 넣고 소면을 삶아 찬물에 헹군 후, 물기를 빼고 참기름에 무쳐서 돌돌 말아 놓는다.

만들기

1. 채소와 낙지는 손질 후 양념장을 넣고 버무린다.
2. 팬을 달군 후 식용유를 넣고 양념장에 버무린 낙지와 채소를 볶는다.
3. 참기름과 통깨를 넣고 맛을 낸다.
4. 접시에 낙지볶음을 담고 소면을 가장자리에 돌려 담는다.

Tip

- 소면은 삶아서 헹군 다음 바로 참기름에 무쳐서 돌돌 말아 두어야 나중에 한 덩어리로 붙지 않는다.
- 양념장에 전분을 조금 풀어두면 볶을 때 물이 많이 생기지 않는다.

닭가슴살 비빔밥

저지방 고단백 식품인 닭가슴살은 각광받는 다이어트 식품이다. 닭가슴살을 삶아서 다양한 색깔의 채소와 함께 먹는 닭가슴살 비빔밥은 풍성한 비타민과 식물 화학물질로 더운 여름철 시원하게 먹는 현대판 보양식이라고 하겠다.

재료(1인분)

닭가슴살 100g, 양배추 30g, 상추 3장, 깻잎 3장, 당근 20g, 적채 20g, 김가루 10g
양념장 | 고추장 30g, 식초 10ml, 생강즙 15ml, 매실액 15ml

실습 노트

준비하기

1. 닭가슴살은 생강즙과 청주에 10분 정도 재워둔다.
2. 채소는 곱게 채를 썰어 놓는다.
3. 양념장은 분량대로 혼합한다.

만들기

1. 닭가슴살은 끓는 물에 삶아 건진 후 차게 식혀 참기름, 깨소금에 무친다.
2. 채를 썬 채소는 찬물에 헹구어 채반에 건져낸다.
3. 그릇에 채소를 돌려 담고 가운데 닭가슴살을 올린다.
4. 잣, 통깨, 참기름을 뿌린다.

Tip

• 적채는 채를 썰어 식초를 희석한 물에 헹구면 색소가 빠져 적채의 색깔이 아주 고와진다.

닭갈비

춘천지역의 대학생과 거주민들의 사랑을 받다가 입소문을 타고 전국으로 퍼진 닭갈비는 매콤하고 푸짐한 맛으로 승부하는 대표적인 향토음식이다. 닭고기에는 단백질이 높은 반면 지방이 낮아 체중조절을 하는 운동선수나 다이어트를 하는 여성들이 좋아하는 건강식이다. 다양한 채소와 함께 볶는 닭갈비는 비타민과 무기질 면에서도 우수한데 특히 닭갈비에 꼭 들어가는 양배추는 식이섬유가 많고 위장보호 성분이 있어 매운맛에도 불구하고 속이 편하다.

재료(4인분)

주재료 | 닭 1마리, 양배추 50g ,고구마 1개 ,대파 1뿌리, 양파 1/2개, 깻잎 10장, 가래떡 100g

양념장 | 배즙 10ml, 양파즙 30ml, 다진 파15g, 다진 마늘15g, 생강즙 15ml, 청주15ml, 고춧가루 30g, 설탕 20g, 황물엿 30ml, 소금 10g, 진간장 15ml, 깨소금 10g, 참기름 15ml

준비하기

1. 닭고기는 뼈를 발라내고 살코기를 먹기 좋은 크기로 자른 다음 청주와 생강즙에 재워둔다.
2. 분량대로 모든 재료들을 혼합하여 양념장을 만든다.
3. 양배추, 고구마, 양파, 대파, 깻잎은 굵게 썬다.

만들기

1. 양념장에 닭고기를 버무린다.
2. 팬에 버무린 닭고기와 각종 야채를 곁들여 볶는다.
3. 기호에 따라 라면사리나 김가루, 다진 김치를 넣고 밥을 볶는다.

Tip

- 닭갈비 양념장은 냉장고에 24시간 이상 숙성을 시키면 고춧가루 냄새가 없어지며 맛 또한 한결 좋아진다.

닭강정

닭고기는 근육이 섬세하고 연하여 질기지 않고 근육 사이에 기름기가 없어 소화가 잘된다. 특히 뼈가 없어 먹기 쉬운 닭강정은 바삭하고 매콤하며 고소한 맛으로 최고의 어린이 영양식이다.

재료(4인분)

닭 1마리, 달걀 1개, 감자전분 60g, 땅콩가루 50g
소 스 | 양파즙 200ml(양파 50g+물 150ml), 고추장 50g, 조청물엿 50ml, 설탕 15g, 청주 15ml

실습 노트

준비하기

1. 양파를 믹서에 곱게 갈고 물에 희석하여 양파즙을 만든다.
2. 닭은 뼈를 제거한 후 살코기를 먹기 좋은 크기로 잘라 청주, 생강즙으로 재운다.
3. 땅콩의 경우, 반은 분태(입자가 작은 상태)로 준비하고, 반은 크런치(조각 상태)로 준비한다.

만들기

1. 양파즙, 물엿, 설탕, 고추장을 분량대로 넣어 끓인 후 윤기 나게 조려 양념소스를 만든다.
2. 손질한 닭고기에 녹말가루, 달걀, 땅콩 분태를 혼합하여 튀김옷을 입혀 두 번 튀긴다.
3. ①의 소스에 ②의 튀긴 닭을 혼합하고 땅콩 크런치를 뿌린다.

Tip

- 튀김옷에 땅콩가루 외에 아몬드, 참깨, 검은깨 등을 넣으면 닭강정의 질감이 바삭거리고 고소한 맛이 난다.

닭곰탕

담백한 닭곰탕은 소뼈로 끓인 곰탕에 비해 비슷한 단백질량을 함유하면서도 동물성 지방과 콜레스테롤 함유량이 훨씬 낮다. 들깨가루에 많이 들어있는 오메가3 지방산 역시 혈액순환에 탁월한 기능이 있어서 고혈압, 동맥경화나 심장질환이 있는 사람의 순환계를 원활하게 해주는 건강식이다.

재료(4인분)

닭 1마리, 무 200g, 대파 2뿌리, 양파 1개, 마늘 5쪽, 생강 10g, 달걀 1개
양 념 | 들깨가루 40g, 청주 50ml, 소금, 후추

실습 노트

준비하기

1. 닭은 무, 양파, 대파, 마늘, 생강, 청주를 넣고 무르게 삶는다.
2. 달걀은 황·백 지단을 부친다.
3. 대파는 송송 탕파로 썰어 놓는다.

만들기

1. 삶은 닭고기는 살만 발라서 찢어 놓는다.
2. 황·백 지단은 채 썰어 놓는다.
3. 들깨가루는 닭 국물을 부어 곱게 갈아 체에 걸러낸다.
4. ③의 국물에 다시 소금, 후추로 간을 하고 한소끔 끓여 육수를 만든다.
5. 그릇에 닭고기를 담고 닭 육수를 부어 지단채와 탕파를 올린다.

Tip

- 닭고기를 삶을 때 찬물에서부터 채소를 넣고 같이 삶아야 구수한 육수가 우러난다. 또한 너무 센 불보다는 중간 불로 은근히 끓이면 닭고기 육질이 연해진다.
- 얼큰한 국물을 원할 때는 고춧가루 양념장을 만들어 곁들이기도 한다.
- 탕파란 파를 송송 얇게 썬 것이다.

닭도리탕

토막 친 닭고기에 각종 채소와 고춧가루를 넣어 얼큰하게 끓여낸 닭도리탕은 예전부터 중부, 서울 지방에서 많이 먹었다. 닭도리탕의 도리는 잘라낸다, 도려낸다는 뜻의 순우리말로 닭을 잘라 조린 탕이라는 뜻이다.

재료(4인분)

닭 1마리, 감자 1개, 당근 1개, 양파 1개, 대파 1뿌리, 고추 3개, 식용유 15ml
양념장 | 고춧가루 30g, 다진 마늘 20g, 국간장 30ml, 소금 10g,설탕 10g, 후추 2g, 생강즙 15ml, 청주 30ml

실습 노트

준비하기

1. 닭은 먹기 좋은 크기로 자른 후 찬물에 담가 핏물을 빼고, 끓는 물에 데쳐 기름기를 제거한다.
2. 당근과 감자, 양파는 큰 밤톨 모양으로 썰고 모서리를 제거한다.
3, 대파, 고추는 어슷하게 썬다.

만들기

1. 냄비에 먼저 식용유 1큰술과 닭을 넣고 볶다가 뚜껑을 닫고 약한 불에 익힌다.
2. 닭기름이 나오면 고춧가루를 넣고 약한 불에서 볶는다.
3. 물을 붓고 센 불에서 끓이며 양념을 한다.
4. 닭이 반쯤 익으면 감자, 당근을 넣고 익힌다.
5. 채소가 다 익으면 양파, 대파, 고추를 넣고 한소끔 더 끓인다.

Tip

• 고기와 채소를 같이 사용하는 요리는 항상 고기를 다 익힌 다음 채소를 넣어야 채소가 물러지지 않고, 색깔이 살아있어 먹음직스러운 음식이 된다.

닭칼국수

칼국수 반죽에 콩가루를 더하면 면발이 쫄깃해질 뿐 아니라 국물 맛도 구수해지고 영양적인 측면에서도 좋다. 밀가루의 단백질은 필수 아미노산인 라이신, 트립토판 등의 비율이 낮아서 질이 낮은데 콩에는 충분한 필수 아미노산이 균형 있게 들어 있어 밀가루의 부족한 부분을 메워준다. 닭 육수에 멸치와 다시마를 넣어 감자, 호박 등 단맛을 주는 채소와 함께 끓이면 독특한 감칠맛이 난다.

재료(4인분)

닭 1/2마리, 밀가루 400g, 콩가루 80g, 호박 100g, 감자 100g, 달걀 1개
양념장 | 고춧가루 30g, 국간장 50ml, 다진 마늘 15g, 다진 파 15g, 청양고추 2개, 깨소금 10g, 참기름 15g

실습 노트

준비하기

1. 밀가루 반죽하기 : 밀가루와 콩가루를 혼합하여 소금 녹인 물 200cc를 넣고 반죽하여 젖은 면보로 덮어 놓는다.
2. 닭고기는 대파, 생강을 넣고 삶는다.
3. 호박, 감자는 채 썰어 놓는다.
4. 달걀은 황·백 지단으로 부친다.
5. 육수 만들기 : 닭고기가 익으면 건져내고 기름을 걷어낸 후, 닭 국물에 멸치, 다시마, 무를 넣어 끓이다가 우러난 육수를 거른다.

만들기

1. 숙성된 밀가루 반죽을 얇게 밀어서 0.5cm 넓이로 썬다.
2. 닭고기는 찢어서 참기름, 깨소금으로 양념한다.
3. 황·백 지단은 채 썰어 놓는다.
4. 닭 육수가 끓으면 썰어 놓은 칼국수를 넣어 끓인다.
5. 채 썬 호박과 감자를 넣는다.
6. 국수와 채소가 익으면 간을 약하게 하고 그릇에 ②의 닭고기를 올리고 황·백 지단으로 고명한다.
7. 양념장을 분량대로 혼합하여 곁들인다.

Tip

- 칼국수를 끓일 때 호박, 감자 대신에 부추나 실파를 넣고 끓이기도 하며, 호박, 표고는 채 썰어 볶아서 고명으로 사용하면 깔끔하다.

대구지리

고춧가루를 넣어 한 생선찌개를 매운탕이라고 부르는데 비해 지리는 맑게 끓인 생선찌개를 의미한다. 자극적인 양념 없이 담백하고 구수한 국물 맛을 내기 위해서는 무엇보다 생선이 신선하여야 하고 비린내가 덜한 것을 사용해야 한다.

재료(2인분)

대구 1마리, 무 100g, 호박 30g, 두부 1/4모, 쑥갓 20g, 미나리 50g, 청양고추 1개, 소금, 후추
육 수 | 황태머리 1개, 다시멸치 30g, 무 100g, 대파 1뿌리, 다시마 10g, 물 1L

실습 노트

준비하기

1. 대구의 비늘과 내장, 지느러미를 제거하고, 먹기 좋은 크기로 토막을 낸다.
2. 황태머리와 멸치, 채소를 분량대로 준비하여 육수를 끓인다.
3. 미나리의 줄기를 다듬는다.

만들기

1. 무, 호박, 두부를 토막내어 썬다.
2. 미나리는 6cm 길이로 썬다.
3. 육수에 무를 넣고 끓인다.
4. ③의 육수에 손질한 대구를 넣고 끓이다가 호박, 두부, 미나리를 넣고 한소끔 더 끓인다.
5. 소금, 후추로 간을 하고 쑥갓, 고추를 송송 썰어 넣는다.

Tip

• 육수가 끓을 때 생선을 넣어야 살이 부서지지 않는다.

도토리묵밥

도토리의 쓰고 떫은 맛 성분인 탄닌은 중금속을 제거하는 효과가 탁월하며 혈액 속의 지방과 콜레스테롤을 낮춰줄 뿐 아니라 항산화 기능을 가진 식물 화학물질이다. 이런 탄닌의 효과가 밝혀지면서 도토리묵이 대표적인 건강, 다이어트 식품으로 각광을 받고 있다.

재료(2인분)

도토리묵 1모, 밥 2공기, 김치 50g, 오이 1/4개, 달걀 1개, 다진 쇠고기 50g, 김가루 10g

양념장 | 고춧가루 30g, 국간장 50ml, 다진 마늘 15g, 다진 파 15g, 청양고추(다진 것) 2개, 깨소금 10g, 참기름 15g

육 수 | 다시멸치 10g, 다시마 10g, 무 50g, 물 1L

실습 노트

준비하기

1. 멸치, 다시마, 무로 육수를 끓인다.
2. 달걀은 황·백 지단을 부친다.
3. 김치, 오이는 채 썰어 놓는다.

만들기

1. 도토리묵은 채 썰어 끓는 육수에 넣었다 건진다.
2. 지단은 채 썰고, 김치는 참기름, 깨소금으로 무친다.
3. 쇠고기는 간장, 참기름, 깨소금, 후추, 설탕을 약간씩 넣어 양념하여 볶는다.
4. 그릇에 도토리묵을 담고 김치, 오이, 쇠고기, 달걀 지단을 보기 좋게 올려 담는다.
5. 육수를 50ml 붓고 참기름과 깨소금을 뿌리고, 양념장과 밥을 곁들인다.

Tip

- 도토리묵 대신 메밀묵으로 만들어도 된다. 메밀묵에는 돼지고기와 김치를 같이 볶아서 넣으면 더욱 맛이 좋다.

돌솥비빔밥

최근 유럽의 유명 레스토랑에서도 돌솥비빔밥이 매우 인기를 끌고 있다. 온갖 채소와 쇠고기의 영양균형이 잘 맞아 건강식으로 인식될 뿐 아니라 매콤하면서도 뜨거운 돌솥비빔밥의 맛과 돌의 열기로 인해 생기는 누룽지까지 외국인들에게는 신기하고 이색적인 체험으로 받아들여진다고 한다.

재료(4인분)

쌀 200g, 콩나물 100g, 시금치 100g, 고사리 100g, 애호박 100g, 쇠고기 100g, 당근 100g, 건 표고버섯 4개, 무 100g, 달걀 4개

약고추장 | 다진 쇠고기 100g, 고추장 60g, 설탕 15g, 깨소금 10g, 참기름15g, 다진 마늘 15g, 물 60g

준비하기

1. 건 표고버섯을 불린 후 기둥을 제거하고 채를 썬다.
2. 콩나물, 시금치는 데친다.
3. 고사리는 5cm 길이로 썬다.
4. 당근, 무는 채 썰고, 쇠고기는 다진다.
5. 애호박은 어슷하게 썬다.

만들기

1. 밥은 고슬고슬하게 짓는다.
2. 콩나물, 시금치는 끓는 물에 살짝 데쳐 물기를 짠 후 소금, 참기름, 깨소금으로 무친다.
4. 고사리는 간장, 참기름으로 무친 다음 볶는다.
5. 당근은 소금, 참기름을 넣고 볶는다.
6. 무와 애호박은 소금에 살짝 절인 다음 물기를 짜고 각각 볶는다.
7. 표고버섯은 간장, 참기름으로 무친 다음 볶는다.
8. 쇠고기는 채 썰고, 불고기 양념하여 볶는다.
9. 다진 쇠고기는 약고추장을 만든다.
10. 먼저 쇠고기를 볶은 다음 분량대로 나머지 재료들을 넣고 볶는다.
11. 돌솥 바닥에 참기름을 바른 후, 밥을 넣고 갖은 재료와 달걀을 올린다.
12. 불에 올려 솥바닥에서 소리가 나면 꺼내고, 약고추장을 곁들인다.

Tip

- 불에 올린 솥바닥이 짜작 소리가 날 정도로 뜨거워야 밥을 비빌 때 달걀이 열에 익는다.

실습 노트

동태찜

동태는 살이 연하고 담백하여 소화가 잘되는 단백질이 많아 예로부터 노인들의 보양식으로 이용되었다. 또한 기름기가 적어 비린내가 많이 나지 않고 시원하고 개운한 국물 맛을 내어 찌개나 찜 요리에 많이 사용된다.

재료(4인분)

동태 1마리(대), 콩나물 400g, 미나리 200g, 대파 1뿌리, 홍고추 1개, 청고추 1개
양념장 | 고춧가루 50g, 다진 마늘 20g, 생강즙 15ml, 진간장 15ml, 청주 15ml, 소금 15g, 설탕 15g, 후추 2g, 감자전분 15g, 찹쌀가루 15g
다시육수 | 다시멸치 20g, 무 50g, 양파 30g, 고추씨 10g, 대파 1뿌리, 청주 30g, 생강 10g, 다시마 10g, 물 1L

실습 노트

준비하기

1. 동태는 내장을 제거하고 지느러미를 다듬어 놓는다.
2. 콩나물은 머리, 꼬리를 깨끗이 다듬는다.
3. 미나리는 줄기만 다듬어 놓는다.

만들기

1. 양념장을 분량대로 혼합하여 만든다.
2. 미나리는 5cm 길이로 썰어 놓는다.
3. 대파, 청고추, 홍고추는 어슷하게 썬다.
3. 멸치 다시육수를 끓여 콩나물, 미나리를 데치고, 동태도 삶아 건져낸다.
4. 육수 200ml에 양념장을 풀고, 끓으면 파와 고추를 넣고 찹쌀가루와 전분 물을 혼합하여 되직하게 농도를 맞춘다.
6. 접시에 삶은 동태를 깔고 콩나물, 미나리를 얹은 다음 끓인 양념장을 끼얹는다.

Tip

- 동태를 삶을 때는 생강즙 15ml, 소금 5g, 식초 15ml에 재웠다가 삶으면 동태 살이 부서지지 않고 비린내도 없어진다.
- 콩나물은 끓은 육수에 데쳐 내면 아삭거리고 숨이 죽지 않는다.

막국수

메밀국수를 동치미 국물에 말아 먹는 강원도 향토음식이다. 김치와 절인 오이, 깨소금, 고춧가루를 올리며 김치는 동치미, 나박김치, 배추김치 등을 쓰는데, 젓갈과 고춧가루가 많지 않은 맑은 김치가 좋다. 국물은 동치미 국물과 차게 식힌 육수를 반씩 섞어 쓰기는 하는데 메밀이 가진 구수하고 담백한 맛을 살리기 위해 고기류나 파, 마늘 등의 양념은 자제하는 것이 좋다.

재료(4인분)

메밀국수 400g, 오이 1/2개, 배 1/4개, 김 1장, 참기름, 깨소금
양념장 | 배즙 50ml, 양파즙 50ml, 다진 파 15g, 다진 마늘 15g, 청주 15g, 건 고추 3개, 고춧가루 50ml, 진간장 15ml, 설탕 30g, 황물엿 30g, 식초 15ml, 겨자즙 15g, 육수(동치미) 50ml, 소금 15g
동치미 | 무 2개, 배 50g, 양파 50g, 소금 50g, 뉴슈가 10g, 밀가루 30g

실습 노트

준비하기

1. 양념장은 분량대로 재료를 혼합하여 만든다.
2. 오이와 배는 채를 썬다.

만들기

동치미 만들기

1. 배 50g, 양파 50g을 믹서에 넣고 갈아 놓는다.
2. 무를 준비할 때, 가을에는 동치미 무로 준비하고, 여름에는 5cm 크기로 큼직하게 잘라 놓는다.
3. 밀가루는 묽게 끓여 풀을 쑨다.
4. ①의 재료에 물과 밀가루 풀을 희석하고, 고운 체에 거른 다음 소금, 뉴슈가로 간을 한다.
5. 무가 잠길 정도로 붓는다.
6. 거품이 보글거리면 냉장고에 보관한다.

막국수 만들기

1. 메밀국수를 삶아서 찬물에 헹군다.
2. 동치미 육수를 붓고 오이, 배를 올리고 김가루, 깨소금으로 고명한다.
3. 양념장을 곁들인다.

Tip

- 막국수는 동치미 육수를 자작하게 부어 양념장과 참기름을 넣고 비벼서 돼지고기 수육과 백김치를 곁들이면 한결 맛있는 요리로 먹을 수 있다.
- 동치미 국물 맛을 낼 때 뉴슈가를 조금 넣으면 톡 쏘는 맛을 낸다.

만두전골

전통 궁중식 전골은 모든 재료를 미리 따로따로 익힌 상태에서 육수를 부어 끓여 먹는다. 깊은 맛은 있지만 손이 많이 가는 음식이다. 만두전골은 이런 궁중식 전골을 현대화시킨 일품요리로 다양한 채소재료를 이용하며 쇠고기와 버섯이 맛을 내는 주재료이다.

재료(4인분)

만두소 재료 | 돼지고기 200g, 김치 200g, 숙주 100g, 양파 100g, 파 50g, 두부 1/2모, 당면 50g, 부추 100g, 다진 마늘 15g, 생강즙 15ml, 다진 파 15g, 소금 10g, 깨소금 15g, 참기름 15ml

부재료 | 쇠고기(불고기용) 200g, 느타리버섯 100g, 팽이버섯 100g, 파 50g

육수 | 다시멸치 10g, 다시마 10g, 무 50g, 물 1L

밀가루 반죽 | 밀가루 300g, 물 150ml, 소금 2g

양념장 | 고춧가루 20g, 다진 마늘 15g, 다진 파 15g, 소금 10g, 국간장 15ml, 청주 15ml, 육수 30ml

실습 노트

준비하기

1. 밀가루 300g에 물(150ml, 소금 2g)을 넣고 반죽하여 젖은 헝겊으로 덮어둔다.
2. 돼지고기, 김치, 양파, 대파는 다진다.
3. 두부는 으깨어 놓는다.
4. 당면은 삶아서 송송 썰어 놓는다.
5. 숙주는 데쳐서 송송 썰어 놓는다.
6. 부추도 송송 썰어 놓는다.

만들기

1. 고기와 다진 채소는 모두 물기를 꼭 짜고 혼합하여 양념을 한다.
2. 밀가루 반죽을 밀어서 ①의 만두소를 넣어 만두를 빚는다.
3. 냄비에 채 썬 배추를 깔고 느타리, 파, 팽이 등의 채소를 가장자리에 돌린다. 빚은 만두와 쇠고기를 올려 양념장을 넣고, 육수를 부어 끓인다.

Tip

- 요즘은 시판되는 만두의 종류가 많아서 손으로 빚은 왕만두를 사용하면 좋을 듯하다.

매운 쪽갈비찜

돼지갈비의 누린내를 제거하기 위해 생강과 매운 고추로 맛을 낸 갈비찜이다. 양념에 들어간 사과의 구연산 성분은 돼지갈비의 맛을 깔끔하게 만들어 준다. 이때 당근과 감자의 모서리를 제거하지 않으면 부스러져 모양이 지저분해지고 전분 부스러기로 인해 국물이 텁텁해지므로 주의해야 한다.

재료(4인분)

돼지갈비 1kg, 양파 1/2개, 당근 1/2개, 감자 1개, 밤 5개, 은행알 20알, 대파 1뿌리, 청양고추 5개

양념장 I 고춧가루 20g, 청양고추 5개, 사과즙 45ml, 양파즙 45ml, 간장 50ml, 물엿 50ml, 마늘 15g,생강 5g, 후추 2g, 월계수 잎 1잎, 깨소금 10g, 참기름 15ml, 설탕 15g

실습 노트

준비하기

1. 돼지갈비는 찬물에 1시간 정도 담가 핏물을 제거하고 끓는 물에 데친다.
2. 밤은 껍질을 제거하고, 당근과 감자는 밤 모양으로 모서리를 깎아 낸다.
3. 청양고추는 1cm 길이로 썰어 놓는다.

만들기

1. 냄비에 식용유를 약간 두르고 홍초를 볶다가 데친 돼지갈비를 넣고 지진다.
2. 양파즙, 사과즙, 간장, 물, 물엿, 마늘, 생강, 청주, 깨소금, 참기름, 고춧가루로 양념장을 만들어 월계수 잎과 함께 넣고 은근히 조린다.
3. 고기가 익으면 고추, 감자, 당근, 밤 등의 채소를 넣고 설탕을 넣는다.
4. 채소가 익고 국물이 졸아들면 대파와 참기름으로 마무리한다.

Tip

- 육류요리를 할 때 설탕은 조리 마지막에 넣어야 윤기가 나고 고기의 육질이 잘 물러서 부드러워진다.
- 갈비찜에 고춧가루와 청양고추를 넣지 않고 조리하면 맵지 않게 된다.

물냉면

더운 여름에 많이 먹는 냉면은 원래는 이북지역에서 엄동설한에 얼음이 둥둥 뜬 동치미 국물을 육수에 섞어 뜨거운 아랫목에서 먹었던 향토음식이었다. 그러나 냉장고가 발달하면서 얼음을 쉽게 만들 수 있게 되자 여름 음식으로 변하였다고 한다. 냉면 국수는 메밀을 쓰는 평양냉면과 감자전분을 쓰는 함흥냉면으로 나누어진다. 평양냉면은 메밀의 구수한 맛을 살리되 뚝뚝 끊어지는 연한 질감이고, 함흥냉면은 쫄깃쫄깃 오톨도톨한 면발이 특징이다.

재료(1인분)

냉면국수 100g, 동치미 국물 200ml, 양지육수 200ml, 무 1/3개, 오이 1개, 배 1/2개, 달걀 1개, 겨자즙 15ml

고기육수 | 양지1kg, 생강 30g, 양파 1개, 대파 1개, 건 고추 3개, 통마늘 5쪽, 무 200g, 국 간장 80ml, 소금 5g, 청주 30ml

양념장 | 다진 마늘 15g, 다진 생강 5g, 다진 파 10g, 건 고추(간 것) 20g, 설탕 10g, 소금 3g

실습 노트

준비하기

1. 양지고기는 찬물에 담가 핏물을 충분히 뺀다.
2. 양념장을 만든다.

만들기

1. 찬물에 양지와 채소를 같이 넣고 고기가 익을 때까지 끓인다.
2. ①의 육수는 차게 식혀 면보에 깨끗이 걸러서 기름기를 제거하고 동치미 국물과 혼합한다(동치미 국물은 백김치 국물을 이용).
3. ②의 육수에 소금과 겨자즙을 넣고 숙성시켜 차게 보관한다.
4. 동치미 무와 배, 오이는 채 썰고 양지고기는 얇게 편으로 썬다.
5. 냉면은 끓는 물에 잠깐 삶아서 찬물에 충분히 헹군다.
6. 냉면은 돌돌 말아 담고, 무, 배, 오이, 달걀을 올려 ③의 냉면 육수를 붓고 겨자, 식초, 양념장을 곁들인다.

Tip

- 동치미 국물이 냉면 육수의 맛을 좌우한다.
- 동치미는 무와 백김치를 같이 담고, 국물은 양파, 무, 배를 갈아서 면보에 걸러 사용하면 국물 맛이 잘 우러난다.(만드는 방법 : 막국수 참조)

바지락 부추비빔밥

바지락은 칼로리가 낮으면서도 단백질이 풍부하고 핵산과 흡수성이 좋은 양질의 칼슘과 철분이 많아 여성들의 빈혈에 탁월한 효과가 있다. 또 한방에서 부추는 몸을 따뜻하게 해주고 장에 좋은 식품으로 처방하고 있다. 봄의 부추는 산삼보다 낫다는 말이 있을 정도로 자양강장 효과가 뛰어나다고 알려져 있다.

재료(1인분)

바지락 조갯살 50g, 영양부추 50g, 양배추, 20g, 김가루 5g

양념장 I 고춧가루 15g, 고추장 15g, 다진 마늘 10g, 다진 파 10g, 생강즙 15ml, 소금 5g, 식초 15g, 설탕 10g, 참기름 15g, 깨소금 5g

실습 노트

준비하기

1. 바지락은 소금물에 담가 해감 한다.
2. 부추는 깨끗이 씻어 5cm 길이로 썬다.
3. 양배추는 가늘게 채 썬다.

만들기

1. 바지락은 삶은 후 살은 발라내고 국물은 체에 걸러 육수로 사용한다.
2. 양념장은 분량대로 준비하여 혼합한다.
3. 양념장에 바지락을 무친 다음 부추와 양배추를 넣고 가볍게 버무린다.
4. 그릇에 밥을 담고 바지락 부추무침과 김가루, 깨소금을 올린다.
5. 바지락 육수는 소금 간을 하여 국물로 곁들인다.

Tip

• 바지락 살을 양념할 때 너무 힘주어 무치면 바지락 살이 짓이겨지므로 살살 가볍게 무친다. 또 봄철에는 부추 대신 달래를 사용할 수도 있다.

버섯전골

버섯, 쇠고기, 채소 등을 그릇에 담아 국물을 부어 끓인 음식이다. 전골틀이나 전골냄비에 양파와 다진 쇠고기를 두툼하게 깔고 준비한 재료를 돌려 담은 다음 간한 양지머리 국물을 부어 끓인다. 버섯전골은 만복감이 쉽게 들고 칼로리가 전혀 없는 다양한 버섯을 한 번에 많이 먹기 좋은 요리이다. 특히 표고버섯에는 구아닐산이라는 특유한 감칠맛이 있다. 버섯의 향을 은은하게 느끼고 싶다면 육수에 양념을 너무 강하게 하지 말고 끓으면 바로 먹는다.

재료(4인분)

쇠고기 200g, 느타리 50g, 팽이 50g, 표고 50g, 목이버섯 10g, 양송이 50g, 파 30g, 양파 1/2개, 배추 3장, 홍고추 1개, 쑥갓 2장

육　수 | 다시마 20g, 무 50g, 멸치 30g, 사골육수 1L(멸치육수)

양념장 | 고춧가루 30g, 마늘 20g, 청주 15ml, 국간장 30ml, 육수 50ml, 소금 5g, 후추 2g

실습 노트

준비하기

1. 각각의 버섯은 깨끗이 손질하여 썰거나 찢어 놓는다.
2. 대파는 반을 갈라 5cm 길이로 썰고 양파도 채 썬다.
3. 배추는 1cm 폭으로 채 썰어 놓는다.

만들기

1. 쇠고기는 불고기용으로 준비하여 소금, 참기름, 파, 마늘, 후추로 기본 양념한다.
2. 사골 육수에 다시마, 무, 멸치 등을 넣어 국물 맛을 낸다.
3. 양념장은 분량대로 준비하여 혼합한다.
4. 전골냄비에 배추를 깔아 가운데 쇠고기를 넣고 각종 버섯과 채소를 돌려 담아 양념장을 올리고 쑥갓과 홍초로 고명한 후 육수를 끼얹는다.

Tip

- 버섯은 수분함량이 많은 식품이므로 육수는 냄비의 6할 정도만 부어도 충분하다.
- 찌개에 들어가는 고기 양념에 불고기 간장양념을 하면 국물이 달달해짐으로 소금이나 국간장으로 양념한다.
- 멸치육수를 사용해도 맛이 깔끔하다.

복지리

시원하고 담백한 맛으로 고가임에도 불구하고 전문 음식점에서 많이 찾는 복지리는 복어 뼈에서 우러나오는 육수가 일품이다. 그러나 복어의 피, 난소, 껍질, 내장 등에 들어 있는 테트로도톡신은 극독성 물질이므로 피를 빼고 내장이 터지지 않도록 전문가가 다루어야 한다.

재료(1인분)

복 200g, 미나리 50g, 배추 1장, 파 20g, 청양고추 1개, 소금 5g, 후추 2g, 다시육수 400ml

다시육수 | 다시멸치 20g, 무 50g, 양파 30g, 고추씨 10g, 대파 1뿌리, 청주 30g, 생강 10g, 다시마 20g, 물 1L

실습 노트

준비하기

1. 복은 독성이 있으므로 주의하여 손질한 다음 먹기 좋은 크기로 자른다.
2. 육수는 다시육수와 손질한 복 머리, 뼈를 끓여 만든다.

만들기

1. 미나리는 6cm, 배추는 1cm 길이로 썰어 놓는다.
2. 파와 청양고추는 송송 썬다.
3. 냄비에 육수를 붓고 끓을 때 복을 넣고 익힌 다음 소금, 후추로 간을 한다.
4. 그릇에 담고 파와 고추를 올린다.

Tip

- 요즘은 수산물 코너에 손질된 생복이나 냉동복을 구입할수 있어 요리하기가 한결 편리하다.

부대찌개

6·25 전쟁 이후 미군부대에서 흘러나온 햄과 소시지, 치즈 등을 한국인들의 입맛에 맞게 김치와 두부 등을 넣어 얼큰하게 조리한 것이 부대찌개의 유래라고 한다. 부대찌개는 다양한 육가공품에서 나오는 구수한 맛을 잘 살려낸 대표적인 동서양 퓨전요리라고 할 수 있다.

재료(4인분)

쇠고기(다진 것) 100g, 프랑크소시지 50g, 스팸 50g, 콩나물 30g, 김치 50g, 파 20g, 양파 30g, 팽이 30g, 두부 100g, 사리면 1개, 육수 800ml

다시육수 | 다시멸치 20g, 무 50g, 양파 30g, 고추씨 10g, 대파 1뿌리, 청주 30g, 생강 10g, 다시마 20g, 물 1L

양념장 | 다시육수 50g, 고춧가루 20g, 다진 마늘 15g, 생강즙 15ml, 청주 15ml, 후추 3g, 소금 10g, 국간장 15ml

실습 노트

준비하기

1. 쇠고기는 약간의 소금, 후추, 설탕, 참기름으로 반죽한다.
2. 햄, 프랑크소시지는 썰어 놓는다.
3. 양파는 채 썰고, 파는 6cm 길이로 썬다.

만들기

1. 반죽한 쇠고기는 완자 크기로 동글납작하게 만든다.
2. 양념장은 분량대로 준비하여 혼합한다.
3. 냄비에 콩나물, 김치를 깔고 준비된 재료를 돌려 담아 양념장을 올린다.
4. 사리면이나 떡국용 떡을 곁들인다.

Tip

- 육수는 사골 국물을 사용하여도 좋으며, 치즈 조각을 넣어 끓이기도 한다.
- 고기반죽은 충분히 해야 끓일 때 부스러지지 않는다.

불낙전골

불낙전골은 등심과 낙지라는 육지와 바다의 대표 식품을 한꺼번에 모아 끓이는 진미이다. 이렇게 이종의 식재료에서 각각 다른 맛을 주는 아미노산이 흘러나와 섞이면서 국물 맛이 미묘하고 복합적이며 구수한 맛이 난다. 미리 양념을 해 두었다가 오래 끓이지 말고 바로 먹어야 한다.

재료(4인분)

쇠고기(등심) 300g, 낙지 3마리, 애호박 1/3개, 양파 1/2개, 무 100g, 대파 1뿌리, 팽이 1개, 홍고추 1개, 육수 600ml

양념장 | 고춧가루 45g, 후추 1g, 소금 15g, 국간장 15ml, 다시육수 45ml, 청주 15ml, 다진 마늘 15g, 생강즙 5g

다시육수 | 다시멸치 20g, 무 50g, 양파 30g, 고추씨 10g, 대파 1뿌리, 청주 30g, 생강 10g, 다시마 20g, 물 1L

준비하기

1. 쇠고기는 등심 불고기로 준비한다.
2. 낙지는 이물질을 깨끗이 제거하고 6cm 크기로 잘라 놓는다.
3. 무는 5cm×2cm 크기로 썬다.
4. 양파는 모양대로 0.5cm 두께로 썬다.
5. 대파는 5cm 길이로 썬다.
6. 두부는 0.5cm 두께로 썬다.
7. 팽이는 뿌리 부분을 잘라내고 모양대로 둔다.
8. 콩나물은 머리, 꼬리를 제거한다.
9. 미나리는 줄기 부분을 5cm 길이로 썬다.
10. 무, 다시마, 멸치를 넣고 끓여 다시육수를 만든다.
11. 양념장을 분량대로 준비하여 혼합한다.

만들기

1. 쇠고기는 국간장으로 기본 양념한다.
2. 낙지는 만들어 놓은 양념장을 1큰술 넣고 무친다.
3. 전골냄비에 무, 콩나물 등을 깔고 등심 불고기와 낙지, 각종 채소를 보기 좋게 돌려 담는다.
4. 양념장을 가운데에 놓고 쑥갓을 올리고 만들어 놓은 육수를 부어 끓인다.

Tip

• 양념장에 불린 건 고추를 갈아서 함께 넣으면 색깔이 곱고 매콤한 국물 맛이 난다.

실습 노트

비빔냉면

물냉면은 평양식으로 연한 메밀 면을 많이 사용하고 비빔냉면은 감자전분을 이용한 쫄깃하고 찰랑거리는 함흥냉면이 원조이다. 건 고추와 고춧가루를 섞은 다대기 양념장은 시간이 지나면서 색이 검붉어지고 윤기가 흐르면서 숙성된 고유한 맛이 생긴다.

재료(4인분)

냉면 국수 400g, 동치미 무 850g, 배 50g, 오이 50g
양념장 | 배즙 50ml, 양파즙 50ml, 다진 파 15g, 다진 마늘 15g, 청주 15ml, 건 고추 3개, 고춧가루 50g, 진간장 15ml, 설탕 20g, 황물엿 15mg, 식초 30ml, 겨자즙 10g, 육수(동치미) 100ml

실습 노트

준비하기

1. 동치미 무, 오이, 배는 채를 썬다.
2. 양념장을 분량대로 준비하여 혼합한다.

만들기

1. 냉면국수는 삶아서 찬물에 헹궈 돌돌 말아 담는다.
2. 양념장을 끼얹고 무, 오이, 배의 채는 고명으로 올리고 동치미 육수를 곁들인다.
3. 참기름과 깨소금으로 맛을 낸다.

Tip

- 동치미 무가 없는 경우 식초, 물, 설탕을 희석하여 무와 오이를 재웠다가 사용한다.
- 비빔냉면에 육수를 조금 곁들이면 면을 비비기가 쉽다.
- 동치미 만들기 : 막국수 참조

뼈다귀 감자탕

잡냄새 없이 돼지 등뼈의 국물을 내고 얼큰한 다대기로 양념한 뒤 포근포근한 감자를 넣어 푹 삶아낸 감자탕은 겨울뿐 아니라 삼계탕과 더불어 대표적인 여름 보양식으로 꼽히고 있다. 무청이나 시래기, 깻잎과 들깨가루에는 칼슘과 인 등의 무기질과 비타민이 풍부하여 영양 궁합이 뛰어난 음식이다.

재료(4인분)

돼지등뼈 2kg, 감자 1kg(8개), 사과 150g(1개), 양파 50g(1/2개), 얼갈이 1kg, 깻잎 50g, 부추 200g, 대파 1뿌리

양 념 | 다진 마늘 30g, 생강 10g, 소금 30g, 후추 5g, 청주 50ml, 된장 30g, 들깨가루 50g, 물 50g

실습 노트

준비하기

1. 돼지 뼈는 찬물에 담가 핏물을 제거한다.
2. 끓는 물에 ①의 돼지 뼈와 마늘, 생강을 넣고 끓여낸다.
3. 다시 ②의 돼지 등뼈를 사과, 양파, 대파, 마늘, 생강, 된장 등을 넣고 익을 때까지 끓인다.
4. 얼갈이는 끓는 물에 살짝 데쳐 찬물에 헹군다.

만들기

1. 등뼈에 붙은 고기가 충분히 익으면 뼈는 건져내고 육수는 거른다.
2. 육수에 감자, 데친 얼갈이를 넣고 감자가 익을 때까지 끓인다.
3. 다시 돼지 등뼈를 넣고 같이 끓이면서 양념을 한다.
4. 그릇에 돼지 등뼈, 감자, 우거지를 넣고 깻잎, 부추를 올려 한소끔 끓인다.

Tip

- 얼갈이 대신 신 김치를 사용하면 별도의 소금 간을 하지 않아도 되며, 콩나물을 넣기도 한다.

사골우거지 해장국

배추 등을 다듬고 남은 억센 겉잎이나 말린 무청을 삶은 우거지는 옛날에는 가난한 사람들의 반찬이었지만 웰빙 바람을 타고 한식의 건강 식재료로 부각되고 있다. 무엇보다도 철분과 칼슘이 많아 빈혈이나 골다공증 예방에 탁월한 효능이 있다. 섬유질이 풍부한 우거지를 된장에 양념하여 끓인 사골우거지 해장국은 만복감이 쉽게 들어 해장뿐 아니라 여성들에게도 좋은 영양식이다.

재료(4인분)

사골육수 2L, 쇠고기(사태, 양지) 200g, 얼갈이 400g, 콩나물 200g, 대파 50g, 된장 50g, 다시멸치 50g, 고추기름 양념 30g

사골육수 | 우사골 1kg, 잡뼈 1kg, 사태(양지) 500g, 물 3L

고추기름 양념 | 식용유 200ml, 양파 50g, 대파 20g, 건 고추 3개, 마늘 10g, 생강 10g, 고춧가루 200g

준비하기

1. 사골, 잡뼈, 사태고기는 찬물에 담가 핏물을 제거한다.
2. 끓는 물에 사골, 잡뼈를 넣어 20분 끓이다가 건져내어 찬물에 헹군다.
3. 데친 사골, 잡뼈에 찬물을 붓고 끓이다가 사태고기를 넣고 함께 끓인다.

만들기

1. 끓는 물에 얼갈이를 데쳐 찬물에 헹군다.
2. 대파는 5cm 길이로 썰고, 콩나물은 머리를 제거한다.
3. 사골육수에 다시멸치를 넣고 끓인다.
4. 육수에 삶은 사태고기는 얇게 썰어 놓는다.
5. ③의 육수에서 멸치를 건져내고, 얼갈이를 넣고 끓이다가 된장을 체에 받쳐 푼다.
6. 고추기름 양념과 소금, 후추로 간을 한 후 콩나물과 대파를 넣고 한소끔 더 끓인다.

고추기름 양념 만들기

1. 식용유와 준비된 채소를 같이 넣고 튀기다가 채소가 튀겨지면 건져낸다.
2. 식용유를 식혀 고춧가루를 넣어 불린다.

Tip

• 사골육수는 끓이다가 국물이 졸아들면 찬물을 부어 끓이기를 3~4차례 반복하면 국물이 뽀얗게 잘 우러난다.

실습 노트

삼계탕

원래 이름은 계삼탕이라고도 하는데 삼계탕은 전형적인 삼복더위 보양음식이다. 삼계탕에는 말린 인삼보다는 수삼을 넣는데 수삼은 면역력을 증강시키는 사포닌 성분이 많은 것으로 밝혀져 전통음식의 지혜가 빛나는 음식이다

재료(1인분)

영계 1마리, 불린 찹쌀 50g, 수삼 1뿌리, 밤 3개, 대추 3개, 은행 5개, 마늘 3쪽, 실파
양념소금 | 꽃소금 5g, 후추 1g, 깨소금 1g

실습 노트

준비하기

1. 닭은 어린 영계로 준비하여 내장, 양 날개 끝, 꽁지는 잘라낸다.
2. 실파는 송송 썬다.
3. 밤, 은행은 껍질을 제거한다.

만들기

1. 불린 찹쌀, 인삼, 밤, 대추, 은행 등으로 닭 속을 채워 넣는다.
2. ①의 닭의 양다리를 교차되게 꼬아서 허벅지살에 집어넣거나 실로 묶는다.
3. 끓는 물에 ②의 닭을 넣어 잠깐 데쳐 기름기를 제거하고 다시 물을 부어 닭이 푹 익을 때까지 삶는다.
4. 양념소금과 탕파를 곁들인다.

Tip

- 삼계탕 육수에 찹쌀가루 물을 풀어주면 국물 맛이 한결 진하고 구수하다.
- 삼계탕을 끓일 때 처음에는 센 불에서 끓이다가, 끓어오르면 약 불로 줄여 뭉근하게 끓이면 고기 육질이 부드러워진다.

삼합

전라도 지역에서는 홍어가 빠지면 잔치집도 아니라고 흉을 볼 만큼 홍어는 중요한 문화상품이 되고 있다. 삼합은 적당히 발효시킨 홍어와 돼지고기 수육, 묵은지가 어울린 독특한 맛이 특징이다. 외국인이나 처음 홍어를 접하는 사람들에게는 발효 초기의 홍어로 준비하는 것이 좋다.

재료

삭힌 홍어 100g, 김치 100g, 돼지고기 200g, 사과 1/4쪽, 양파 1/4개, 대파 1뿌리, 마늘 3쪽, 생강 1쪽, 청주 15g, 진간장 15g

양념장 | 새우젓 15g, 다진 파 15g, 고춧가루 10g, 깨소금 10g

실습 노트

준비하기

1. 홍어는 삭힌 것으로 준비하여 결 반대로 썰어 놓는다.
2. 김치는 신 김치로 준비하여 5cm 길이로 썰어 놓는다.

만들기

1. 돼지고기는 삼겹살로 준비하여 끓는 물에 사과, 양파, 대파, 마늘, 생강, 청주, 진간장과 같이 삶아서 얇게 썬다.
2. 접시에 홍어, 김치, 돼지고기를 같이 담고 새우젓 양념장을 곁들인다.
3. 무채 무침을 곁들이기도 한다.

무채 무침 준비하기

1. 무는 채 썰어 물기를 꼭 짠다.
2. 고춧가루, 새우젓, 다진 마늘, 다진 생강을 넣고 버무린다.
3. 버무릴 때 물엿이나 설탕을 첨가한다.

Tip

• 홍어 살이 붉을 정도로 삭힌 것이 제 맛이 나고 김치는 시어야 홍어와 잘 어울린다.

생태찌개

우리나라의 대표적인 수산물로 가공방법에 따라 다양한 이름으로 불린다. 얼리지 않는 생물 상태로는 생태, 말리면 북어, 반쯤 말린 것을 코다리, 얼린 것을 동태라고 부르며, 얼리고 말리는 과정을 반복해 가공한 것을 황태라고 부른다. 또 명태의 새끼를 노가리라고 하며, 내장 또한 버리지 않고 아가미젓, 명란젓, 창란젓 등, 명태 한 마리가 참으로 다양한 식품으로 가공된다. 명태에는 양질의 아미노산과 칼슘이 많고 지방분이 적어 소화가 쉬운 영양식이다.

재료(2인분)

생태 1마리, 무 100g, 파 1뿌리, 미나리 50g, 쑥갓 30g, 애호박 50g, 청고추 1개, 홍고추 1개, 두부 50, 다시육수 3컵

양념장 | 다진 마늘 15g. 생강즙 15ml, 고춧가루 20g, 청주 15ml, 소금 10g, 국간장 15ml, 다시육수 50ml, 후추 2g

다시육수 | 다시멸치 20g, 무 50g, 양파 30g, 고추씨 10g, 대파 1뿌리, 청주 30g, 생강 10g, 다시마 20g, 물 2L

실습 노트

준비하기

1. 생태의 비늘과 내장, 지느러미를 제거하고, 먹기 좋은 크기로 토막을 낸다.
2. 멸치와 야채를 분량대로 준비하여 육수를 끓인다.
3. 미나리의 줄기를 다듬는다.

만들기

1. 무, 호박, 두부를 토막으로 썬다.
2. 미나리는 6cm 길이로 썬다.
3. 육수에 먼저 무를 넣고 끓인다.
4. ③의 육수에 양념장을 풀고, 손질한 생태를 넣고 끓이다가 호박, 두부, 미나리를 넣고 한소끔 더 끓인다.
5. 간을 맞추고 쑥갓, 고추를 송송 썰어 넣는다.

Tip

- 생태는 육질이 연하여 반드시 육수가 끓을 때 넣어야 살이 부스러지지 않는다.
- 생태를 손질할 때 미리 식초를 조금만 뿌려두면 생선 비린내가 나지않고, 생선 살은 단단해진다.

선지해장국

양평에서 처음 시작되었다고 알려진 선지해장국은 육수에 선지와 채소를 넉넉히 넣어 고추기름으로 양념을 한 것이다. 선지는 몸에 흡수가 잘되는 햄형 철분이 많이 들어있어 만성 빈혈에 시달리는 사람이나 철분이 부족하기 쉬운 사춘기 여성들에게 특히 좋다.

재료(4인분)

사골육수 2L, 사태고기 300g, 선지 500g, 된장 1큰술, 멸치 50g, 얼갈이 배추 500g, 대파 2뿌리, 콩나물 200g, 청주 40ml
양념 | 소금 5g, 국간장 10ml, 후추 2g, 고추기름 양념 30g

실습 노트

준비하기

1. 선지는 찬물에 담가 핏물을 버린다.
2. 사태고기는 청주를 40ml 넣고 삶아서 얇게 썰어 놓는다.
3. 대파는 5cm 길이로 썰고, 콩나물은 머리를 제거한다.
4. 끓는 물에 얼갈이를 데쳐 찬물에 헹군다.

만들기

1. 끓는 물에 선지를 국자로 떠서 넣고 응고가 될 때까지 삶아 건져서 먹기 좋은 크기로 썬다.
2. 사골 육수와 사태고기 끓인 국물을 함께 붓는다.
3. ②육수에 다시멸치를 넣고 끓인다.
4. ③의 육수에서 멸치를 건져내 얼갈이를 넣고 끓이다가 된장을 체에 받쳐서 푼다.
5. 고추기름 양념과 소금, 후추로 간을 한 후 선지, 콩나물, 대파를 넣고 한소끔 더 끓인다.

Tip

• 사골육수와 고추기름 양념을 앞의 사골우거지 해장국에서와 같은 방법으로 만든다.

수육무침

고온에서 굽는 것보다 물에 삶아낸 수육은 발암성 물질이 훨씬 적게 만들어지고 기름기도 빠져서 건강에 유익한 조리 방법이다. 수육은 전통적으로 간장 양념장에 찍어먹거나 쌈을 싸서 먹지만 이렇게 다양한 채소와 고추장 양념으로 무치면 촉촉하게 먹을 수 있고 넓은 쟁반에 푸짐하게 담으면 일품요리로도 적격이다.

재료(4인분)

돼지고기 알사태 600g, 오이 1개, 양파 1/2개, 청고추 2개, 홍고추 2개, 배 1/2개, 밤 10개, 잣 20g, 깻잎 10장, 월계수 잎 1장, 통후추 5g, 정향 3개

양념장 | 고추장 20ml, 고춧가루 20g, 소금 10g, 다진 마늘 15g, 생강즙 15g, 설탕 20g, 물엿 30ml, 식초 30ml, 참기름 15ml, 통깨 10g

실습 노트

준비하기

1. 돼지고기는 알사태로 준비하여 동그랗게 실로 묶는다.
2. 끓는 물에 월계수 1장, 통후추 5g, 정향 3개를 넣고 ①의 사태와 같이 삶는다.
3. 양념장은 분량대로 재료를 준비하여 혼합한다.

만들기

1. 삶은 사태고기의 실을 풀고 얇게 썬다.
2. 오이는 반을 갈라 어슷하게 썬다.
3. 양파와 배는 채 썬다.
4. 깻잎은 굵게 썬다.
5. 고추는 반을 갈라 씨를 제거하고 어슷하게 썬다.
6. 밤은 편으로 썬다.
7. 배는 5×1cm 크기의 골패 모양으로 썬다.
8. 모든 재료를 양념장에 가볍게 무친다.

Tip

- 수육무침은 돼지고기 사태 외에도 닭고기, 족발 등의 남은 고기로 만들어도 된다.

순두부찌개

순두부는 저칼로리 고단백 식품으로 수분의 함량도 높아서 포만감을 쉽게 주기 때문에 다이어트 식품으로 좋다. 순두부의 단백질은 콩단백질로 소화가 쉬우며 칼슘과 인의 함량이 높아 골다공증에도 유효하다.

재료(1인분)

순두부 1봉, 돼지고기 30g, 바지락 50g, 호박 30g, 김치 20g, 달걀 1개, 홍고추 약간, 청고추 약간, 대파 약간

육 수 | 다시멸치 10g, 다시마 10g, 무 30g, 물 1L

양념장 | 고춧가루 10g, 고추장 10g, 다진 마늘 15g, 국간장 15ml, 후추 약간, 참기름 약간

실습 노트

준비하기

1. 돼지고기를 잘게 썬다.
2. 바지락은 소금물에 해감 한다.
3. 호박은 납작하게 썬다.
4. 김치와 고추, 파는 송송 썬다.
5. 육수 재료를 찬물에 넣어 끓인다.

만들기

1. 팬에 김치와 돼지고기를 같이 볶는다.
2. 육수를 자작하게 붓고, 끓으면 순두부를 넣는다.
3. 고추장을 풀고 소금, 후추로 양념한다.
4. 호박과 바지락을 넣고 달걀을 깨트려 넣은 후 잠깐 더 끓인다.
5. 송송 썬 고추, 파를 마지막에 넣는다.

Tip

- 순두부를 끓일 때 육수를 많이 넣으면 순두부 자체의 수분으로 인해 싱거워지므로 육수를 적게 넣는다.

쌈밥과 강된장

생채소로 쌈을 싸먹는 경우도 많지만 채소를 살짝 쪄서 쌈이랑 함께 먹게 되면 훨씬 많은 섬유소를 섭취할 수 있을 뿐 아니라 포만감도 커진다. 쪄서 먹는 채소는 대개 그냥 먹기에는 억세거나 질긴 것으로 선택한다. 양배추 같은 경우는 단맛이 증가하며 호박잎은 부드러워진다.

재료(4인분)

근대 20장, 호박잎 20장, 얼갈이 20장, 양배추 5장

강된장 | 쇠고기 50g, 멸치 10g, 무 50g, 호박 50g, 감자 50g, 표고버섯 50g, 된장 200g, 고추장 30g, 다진 마늘 10g, 다진 파 10g, 설탕 10g, 깨소금 10g, 참기름 10g

실습 노트

준비하기

쌈밥

쌈채소는 끓는 물에 데쳐 찬물에 헹궈 물기를 제거한다.

강된장

1. 멸치의 내장과 뼈를 제거하고 살만 다진다.
2. 쇠고기, 무, 호박, 감자, 표고는 모두 다진다.

만들기

강된장

1. 팬에 참기름을 두르고 멸치, 쇠고기, 채소 순으로 볶는다.
2. 된장, 고추장, 나머지 양념재료를 넣고 볶는다.
3. 물을 자작하게 붓고 조린다.

쌈밥

1. 밥을 고슬고슬하게 지어 참기름과 깨소금으로 버무린다.
2. 채소를 펴고 밥을 한 수저 떠올려 양념장을 곁들여 돌돌 말아서 싼다.

Tip

- 강된장을 만들 때에는 다진 채소가 충분히 익을 때까지 끓여야 맛이 우러난다.
- 마지막에 땅콩, 호두, 아몬드 등의 견과류를 다져서 넣기도 한다.

아구찜

마산식 아구찜은 냉풍으로 20~30일간 건조한 아구를 사용하여 살이 단단한 반면 다른 지역에서는 신선한 아구를 사용하여 살이 부드럽다. 쫄깃한 식감을 주는 아구의 껍질에는 다량의 콜라겐이 들어 있어 피부건강에 좋고 간에는 비타민 A가 넉넉하므로 야맹증이 있는 사람에게 좋다.

재료(4인분)

아구 1kg, 미더덕 100g, 미나리 100g, 대파 30g, 콩나물 300g, 찹쌀가루 10g, 감자전분 10g, 고추냉이 15g, 육수 50ml

육수 | 아구뼈, 다시멸치 20g, 무 50g, 양파 30g, 고추씨 10g, 대파 1뿌리, 청주 30g, 생강 10g, 다시마 20g, 물 1L

양념장 | 고춧가루 50g, 마늘 20g, 생강즙 15g, 청주 15g, 소금 10g, 후추 2g, 설탕 10g, 진간장 15ml

실습 노트

준비하기

1. 아구는 내장을 깨끗이 제거하고 날카로운 입 부분을 제외한 나머지 부분은 먹기 좋은 크기로 썰어 식초와 소금을 뿌려둔다.
2. 아구에서 제거한 뼈와 멸치, 채소를 넣고 육수를 끓인다.

만들기

1. 콩나물은 머리, 꼬리를 깨끗이 다듬는다.
2. 미나리, 대파는 5cm 길이로 썰어 놓는다.
3. 마늘, 생강즙, 소금, 청주, 고춧가루, 육수, 설탕으로 양념장을 만든다.
4. 팬에 기름을 두르고 양념장을 넣고 볶다가 손질한 아구를 넣고 육수를 부어 잠깐 익힌다.
5. ④의 재료에 콩나물을 넣고 뚜껑을 닫는다.
6. 미나리, 대파를 넣어 섞다가 찹쌀, 녹말, 물을 풀고 참기름으로 맛을 낸다.

Tip

- 아구의 질긴 껍질 부위나 위 등은 육수에 한번 데쳐 사용한다.
- 콩나물은 뚜껑을 닫고 한 김만 익힌다. 너무 익으면 아삭하지 않고 질기다.

안동찜닭

경상북도 안동에서 유래한 음식으로 닭에 온갖 채소와 당면을 섞어 조린 요리이다. 닭은 높은 단백질 공급원이며, 지방, 칼로리가 낮고, 불포화지방산 함량이 높아 피부건강에 좋다. 닭고기 지방에는 동맥경화, 심장병 등의 예방 효과를 가지는 리놀레산이 함유되어 있어 콜레스테롤 수치를 떨어뜨리며 어린이, 노인을 위한 음식이나 환자식에도 적합하다.

재료(4인분)

닭 1마리, 당면 200g, 감자(고구마) 1개, 당근 1개, 대파 1뿌리, 시금치 50g, 매운 건 고추 10개

양념장 | 다진 마늘 10g, 진간장 50ml, 황물엿 50ml, 설탕 10g, 후추 2g, 캐러멜소스 5ml, 참기름 15ml

실습 노트

준비하기

1. 닭은 기름 부분을 발라내고 먹기 좋은 크기로 자른다.
2. 당근과 감자는 밤톨 크기로 썰고 모서리를 제거한다.
3. 당면은 불린다.
4. 마른 고추는 1cm 길이로 자른다.

만들기

1. 궁중 팬에 먼저 물 200ml와 건 고추, 다진 마늘, 진간장, 황물엿, 설탕, 후추, 캐러멜소스를 분량대로 넣고 끓인다.
2. 양념물이 끓어오르면 닭, 감자, 당근을 넣고 익힌다.
3. 불린 당면과 시금치, 파를 넣고 국물이 졸아들면 참기름과 통깨로 맛을 낸다.

Tip

- 안동찜닭은 매운 청양고추 말린 것을 사용해야 제맛이 난다.
- 닭고기를 먼저 넣어 익힌 후 채소를 넣는다.

알탕

명란을 덩어리째 넣어 끓인 알탕은 비타민 A와 레티놀, 비타민 E 등 지용성 항산화 비타민이 많은 고단백식품이다. 그러나 알에는 콜레스테롤이 높기 때문에 관상동맥경화나 고혈압 같은 심혈관계 질환이 있는 사람이 자주 먹는 것은 좋지 않다.

재료(1인분)

명태알 100g, 고니 50g, 무 50g, 쑥갓 20g, 홍고추 1개, 청양고추 1개, 두부 1/4모, 대파 1/2뿌리, 팽이 30g, 호박 30g, 육수 300ml

다시육수 | 다시멸치 20g, 무 50g, 양파 30g, 고추씨 10g, 대파 1뿌리, 청주 30g, 생강 10g, 다시마 20g, 물 1L

양념장 | 다시육수 30ml, 다진 마늘 15g, 고춧가루 10g, 고추장 15g, 청주 15ml, 생강즙 15ml, 후추 2g, 소금 5g

실습 노트

준비하기

1. 명란은 겉면의 알끈을 제거한다.
2. 무, 호박, 고추 등을 썰어 놓는다.
3. 다시육수는 준비된 재료를 끓여 육수를 만든다.

만들기

1. 찌개냄비에 무를 넣고 육수를 부어 끓이다가 양념장을 넣는다.
2. 호박, 명란, 고니 등을 넣어 끓인다.
3. 두부, 팽이, 파, 고추 등을 넣어 한소끔 더 끓인다.

Tip

• 명란젓으로 끓일 때에는 소금 간을 하지 않는다.

양념통닭

닭고기는 성질이 따뜻하고 결이 부드러워 소화가 잘 되는 고단백 식품이다. 닭고기를 튀겨 달콤하고 매콤짭짤한 양념소스에 버무린 양념통닭은 청소년들이 가장 좋아하는 음식이자 전 국민의 최고 야식으로 꼽히고 있다.

재료(4인분)

닭 1마리, 튀김가루 30g, 감자전분 30g, 달걀 1개, 후추 2g, 우유 50g, 청주 15ml
양념소스 | 배즙 200ml, 양파즙 200m, 고춧가루(고운 것) 30g,
물엿(조청물엿) 100ml, 설탕 30g, 소금 10g, 후추 3g, 토마토케첩 150ml,
카레가루 10g, 생강즙 15ml, 물 200ml

실습 노트

준비하기

1. 닭은 먹기 좋은 크기로 잘라 칼집을 넣어 청주, 우유에 재운다.
2. 배, 양파를 곱게 갈아 놓는다.

만들기

1. 닭은 녹말가루, 튀김가루, 달걀 1개를 섞어 옷을 입혀 튀긴다.
2. 양념소스 재료를 혼합하여 은근히 졸여서 소스를 만든다.
3. 튀긴 닭에 소스를 혼합하고 땅콩가루를 뿌린다.

Tip

- 양념통닭의 양념소스는 처음에 물의 농도를 묽게 하여 서서히 오랜 시간 조려야 깊은 맛이 우러나며 색감도 좋다.

오삼불고기

동해안 지역에서 돼지불고기를 만들 때 고추장소스에 싱싱한 오징어를 함께 볶아먹은 것이 오삼불고기의 유래라고 한다. 오징어에는 타우린이 많아 당뇨병을 예방하고 간장 해독 작용이 탁월하지만 오징어 단백질은 조직이 치밀하여 소화가 더뎌 위궤양 등 소화기능이 약한 사람은 한꺼번에 많이 먹지 않는 것이 좋다.

실습 노트

재료(4인분)

오징어 1마리, 돼지고기 600g, 양파 1개, 대파 1뿌리, 새송이 2개, 각종 쌈채소

양념장 | 고추장 50g, 양파즙 50ml, 사과즙 50ml, 생강즙 30ml, 다진 마늘 15g, 설탕 15g, 물엿 30ml, 청주 15ml, 후추 2g, 간장 30ml, 참기름 15ml

준비하기

1. 양파, 사과를 믹서에 곱게 간다.
2. 오징어는 배를 갈라 내장을 깨끗이 제거하고 껍질을 벗겨낸 다음 배 안쪽에 칼집을 낸다.
3. 양파는 동그랗게 썰고, 대파는 굵게 채 썬다.

만들기

1. 양념재료를 분량대로 혼합한다.
2. 오징어와 돼지고기 삼겹살에 양념장을 넣고 버무린다.
3. 팬에 ②의 오징어, 삼겹살을 함께 굽는다.
4. 양파, 대파, 새송이, 삼겹살을 곁들여 굽는다.

Tip

- 오징어와 양파는 큼직하게 잘라서 양념소스에 무쳐 팬에 익힌 다음 먹기 좋은 크기로 자르는 것이 국물이 많이 생기지 않고, 고기와 오징어가 질겨지지 않아 맛이 좋다.

장어무침

장어에 장어소스를 발라 구운 뒤 여러 채소와 매콤하게 무친 일품요리다. 장어에는 비타민 A와 비타민 B, 비타민 C가 풍부하여 여성의 피부미용과 피로회복, 노화방지, 정력증강에 좋은 식품이다. 특히 EPA와 DHA와 같은 불포화지방산이 많아 콜레스테롤 수치를 낮춰 성인병 예방에 좋고 칼슘 함량도 매우 풍부한 편이다.

재료(2인분)

민물장어 2마리, 생강 5g, 양파 60g, 영양부추 100g
장어소스 | 장어(뼈, 머리) 150g, 마늘 3쪽, 생강 1쪽, 건 고추 3개, 대파 1/2뿌리, 물엿 100ml, 진간장 100ml, 청주 50ml, 물 2L
무침양념 | 고춧가루 200g, 다진 마늘 15g, 소금 10g, 참기름 15g, 통깨 10g

실습 노트

준비하기

1. 장어는 포를 떠서 뼈와 살을 분리하여 뼈는 물에 담가 핏물을 제거하고, 껍질의 점액질을 긁어낸다.
2. 냄비에 물, 간장, 청주, 마늘, 생강, 건 고추, 대파와 장어 뼈, 머리를 넣고 조려 장어소스를 만든다.

만들기

1. 먼저 포 뜬 장어를 석쇠에 구워 기름을 뺀다.
2. 양념소스를 발라가며 2번 정도 굽는다.
3. 생강, 양파, 부추는 채 썰어 찬물에 잠깐 담갔다가 체에 건져 물기를 뺀다.
4. ③의 채소를 무침양념으로 가볍게 무쳐서 장어에 올린다.

Tip

• 껍질의 점액질을 칼로 충분히 긁어내고 조리한다.

쟁반국수

메밀국수를 다양한 채소와 버무려 만든 쟁반국수는 저칼로리 고섬유질 식사로 여름철에 좋은 다이어트 식품이다. 겉껍질만 살짝 벗긴 메밀은 필수아미노산인 트립토판, 트레오닌, 라이신 등이 풍부하고 비타민 B군이 많으며, 섬유질이 많아 통변에 좋다.

재료(4인분)

메밀국수 400g, 양파 1/4개, 당근 1/4개, 깻잎 5장, 적채 30g, 닭가슴살 100g, 배 1/4개, 삶은 달걀 1개, 양배추 50g, 땅콩가루 30g

양념장 | 배즙 50ml, 양파즙 50ml, 다진 마늘 15g, 생강즙 15g, 사이다 30ml, 식초 75ml, 고춧가루 50g, 고추장 15g, 소금 10g, 설탕 45g, 물엿 30ml, 겨자즙 10g, 참기름 15ml

실습 노트

준비하기

1. 닭가슴살을 끓는 물에 삶는다.
2. 모든 채소를 채 썰어 찬물에 담근다.
3. 달걀은 완숙으로 삶는다.

만들기

1. 양념장은 재료를 분량대로 준비하여 혼합한다.
2. 닭가슴살은 찢어 놓는다.
3. 채소는 체에 받쳐 물기를 뺀다.
4. 삶은 달걀은 흰자, 노른자 분리하여 흰자는 채 썰고, 노른자는 가루를 낸다.
5. 끓는 물에 소금을 약간 넣고 메밀국수를 삶는다.
6. 접시에 채소와 고기를 돌려 담고 가운데 삶은 국수를 얹는다.
7. 양념장을 끼얹고, 땅콩가루와 노른자 가루를 뿌린다.

Tip

- 모든 채소를 찬물에 담가 싱싱하게 하고, 체에 받쳐 물기를 제거하여 사용한다.
- 고춧가루 냄새를 없애기 위해 양념장은 24시간 이상 숙성시킨다.

조기매운탕

'고금석림(古今釋林)'에 의하면 석수어의 속명은 '조기(助氣)'인데 이는 사람의 기(氣)를 도우는 것이라고 하였다. 조기는 흰살 생선 중에서도 저지방 저칼로리 식품으로 단백질의 양은 많지만 근육 간의 결합조직이 없어 쉽게 부서지며 소화가 잘되어 노약자들에게 좋은 식품이다.

재료(4인분)

조기 4마리, 민물새우 300g, 무 200g, 대파 2뿌리, 양파 1개, 미나리 50g, 팽이버섯 50g, 쑥갓 30g, 청양고추 2개, 육수 800ml

양념장 | 다진 마늘 15g, 다진 생강 15g, 청주 30ml, 고춧가루 20g, 고추장 15g, 소금 10g, 국간장 15g, 설탕 5g, 후추 5g

육 수 | 무 50g, 다시마 15g, 고추씨 10g, 대파 1뿌리, 생강 10g, 청주 30ml, 다시멸치 20g, 물 2L

실습 노트

준비하기

1. 조기의 비늘과 내장, 지느러미를 제거한 후 식초 15ml를 뿌린다.
2. 육수는 준비된 재료를 찬물에 넣고 끓인다.
3. 무는 토막 썰고 파와 양파는 굵게 채 썬다.
4. 고추는 어슷하게 썰어 놓는다.

만들기

1. 냄비에 무를 넣고 끓이다가 양념을 풀어 한소끔 끓인다.
2. 손질된 조기를 ①의 끓는 육수에 넣고 한소끔 끓인다.
3. 깻잎, 쑥갓, 고추, 버섯 등을 넣고 끓이다가 간을 맞춘다.

Tip

- 생선을 손질할 때 식초를 뿌리면 비린내가 제거되고 생선 살이 단단해진다.
- 생선찌개는 육수가 끓을 때 생선을 넣어야 부서지지 않는다.

철판낙지

단백질이 많고 비타민 B2와 나이아신이 풍부한 낙지는 미나리와 콩나물 등 채소와 같이 볶으면 비타민 C, 철분, 칼슘이 골고루 들어있는 균형 있는 요리가 된다. 철판낙지는 강한 불에 낙지와 채소를 빨리 볶아내 아삭하고 질기지 않게 만드는 것이 포인트이다

실습 노트

재료(4인분)

낙지 4마리, 미나리 100g, 콩나물 200g, 고구마 1개, 대파 1뿌리, 깻잎 10장

양념장 | 다시육수 50ml, 다진 마늘 15g, 다진 생강 5g, 청주 30ml, 후추 2g, 건 고추 3개, 고춧가루 50g, 설탕 20g, 소금 20g, 진간장 30ml

다시육수 | 조기 매운탕 참조

준비하기

1. 낙지의 내장을 제거하고 먹기 좋은 크기로 썬다.
2. 미나리의 잎을 제거하고 줄기를 6cm 길이로 썰어 놓는다.
3. 콩나물의 머리를 제거하고 끓는 물에 데친다.
4. 건 고추는 씨를 제거하고, 물에 불려 믹서에 갈아 놓는다.

만들기

1. 낙지양념장의 모든 재료들을 분량대로 혼합한다.
2. 손질된 낙지를 양념장에 버무린다.
3. 팬에 먼저 콩나물을 깔고 양념장에 버무린 낙지를 올리고 각종 채소들을 곁들여 볶는다.

Tip

- 양념장은 냉장고에서 24시간 이상 숙성하여 사용하면 고춧가루 냄새가 나지 않고 음식 맛이 좋다.
- 콩나물은 끓는 물에 데치면 비린내가 나지 않는다.

충무김밥

충무김밥의 유래에 관한 이야기 중 하나는 해방 이후 남해안의 충무(현 통영)항에서 고기잡이를 나가는 남편이 식사를 거르고, 술로 끼니를 대신하는 모습을 본 아내가 남편이 안쓰러워 김밥을 만들어준 것에서 유래되었다는 것이다. 처음에는 김밥이 잘 쉬어서 못 먹게 되는 일이 많았고, 그래서 밥과 반쯤 삭힌 꼴뚜기 무침과 무김치를 따로 담아 준 것에서 유래된 향토음식이다.

재료(4인분)

김 10장, 무 500g, 오징어 1마리, 밥 1공기
양념장 | 고춧가루 20g, 건 고추(불린 것) 5개, 다진 마늘 15g, 식초 30ml, 설탕 15g, 물엿 15ml, 참기름 15ml, 흑임자 깨 10g

실습 노트

만들기

무김치 만들기
1. 무는 어슷하게 썰어서 소금에 절여 씻는다.
2. 건 고추는 잘라서 씨를 털어내고 양파와 같이 간다.
3. ②의 재료에 고춧가루, 마늘, 액젓을 혼합하여 무에 버무려 익힌다.

오징어 무치기
1. 오징어는 내장을 제거하고 깨끗이 씻어서 끓는 물에 데친 다음 썰어 놓는다.
2. 양념장을 분량대로 만들어 오징어에 무친다.

김밥 말기
1. 밥을 고슬고슬하게 지어 식힌다.
2. 기름 바르지 않는 생김을 반으로 잘라서 김밥을 엄지손가락 굵기로 돌돌 만다.

Tip

- 충무김밥에 들어가는 무는 섞박지 모양으로 썰고, 새콤한 맛이 나도록 익힌다.
- 요즘에는 반건조 오징어를 사용하기도 한다.

콩나물국밥

콩나물에는 아스파라긴산이 많아 숙취해소와 간기능 보호에 탁월한 능력이 있다. 아스파라긴산은 특히 콩나물 꼬리에 많이 들어있다고 하니 콩나물 꼬리도 함께 사용하는 것이 좋다.

재료(1인분)

콩나물 100g, 달걀 1개, 김가루 10g, 들깨가루 10g, 소금 5g
육　수 | 황태머리 1개, 무 20g, 다시멸치 5g, 다시마 5g, 생강즙 10ml,
고추씨 5g, 물 400ml
양념장 | 청양고추 1개, 다진 마늘 15g, 고춧가루 10g, 육수 30g

실습 노트

준비하기

1. 황태와 멸치는 참기름에 달달 볶는다.
2. 물을 붓고 야채를 넣어 끓인다.
3. 양념장 재료를 분량대로 준비하여 혼합한다.

만들기

1. 뚝배기에 육수를 붓고 콩나물을 넣어 끓인다.
2. 콩나물이 익으면 소금 간을 하고 달걀을 푼다.
3. 김가루, 들깨가루, 양념장을 곁들인다.

Tip

• 육수를 만들 때 황태머리와 멸치를 볶아서 사용하면 국물이 뽀얗게 우러난다.

해물매운탕

어촌지역에서 싱싱한 해물을 모아 끓인 해물매운탕에는 각 재료에서 흘러나온 다양한 맛의 아미노산으로 인해 구수하고 담백한 맛이 나게 된다. 특히 조개와 새우는 해물매운탕의 단골재료인데 조개류의 단맛은 글리신과 베타인 아미노산에서 나온 것으로 간의 해독기능을 도와주는 성분으로 알려져 있다.

재료(4인분)

낙지 1마리, 대합 2개, 꽃게 1마리, 동태 1마리(소), 새우 4마리, 바지락 200g, 오징어 1마리, 무 100g, 콩나물 100g, 쑥갓 50g, 양파 50g, 홍초 2개, 청양고추 2개, 두부 1/2모, 대파 1뿌리, 미나리 100g, 육수 600ml

다시육수 | 다시멸치 20g, 무 50g, 양파 30g, 고추씨 10g, 대파 1뿌리, 청주 30g, 생강 10g, 다시마 20g, 물 2L

양념장 | 다시육수 50ml, 다진 마늘 15g, 생강즙 15ml, 고춧가루 45g, 건 고추 3개, 청주 15ml, 후추 2g

실습 노트

준비하기

1. 콩나물은 머리를 제거한다.
2. 각종 해물들은 깨끗이 손질하여 자른다.
3. 두부, 대파, 양파 등은 썰어 놓는다.
4. 멸치, 다시마, 무, 대파, 양파, 고추씨, 생강, 청주, 물을 이용하여 다시육수를 만든다.

만들기

1. 육수에 고춧가루, 소금, 설탕, 마늘, 생강 등과 건 고추를 갈아 혼합하여 양념장을 만든다.
2. 냄비에 콩나물을 깔고 해물을 넣은 다음, 미나리와 두부 등을 넣고 양념장과 육수를 부어 끓인다.

Tip

- 매운탕 육수에는 반드시 고추씨를 넣고 끓여야 국물 맛이 칼칼하고 개운하다.
- 다시멸치와 같이 북어머리를 사용하면 진하고 구수한 국물 맛을 낸다.
- 양념장을 만들때 건 고추를 갈아서 사용하면 국물의 빛깔이 곱다.

황태누름적

황태는 저지방 식재료로 기름기가 없이 담백하지만 쇠고기 간 것을 같이 붙여서 적을 구우면 매우 고급스러운 반찬이 된다. 황태에는 콜레스테롤이 없기 때문에 고기 전보다는 황태누름적이 더 건강에 유익하다.

실습 노트

재료(1인분)

황태 1마리, 쇠고기 간 것 500g, 찹쌀가루 30g

양념장 | 고추장 30g, 고춧가루 10g, 다진 파 15g, 다진 마늘 15g, 생강즙 15ml, 후추 3g, 간장 15ml, 설탕 15g, 참기름 15ml

육수만들기

1. 황태포는 물에 잠깐 불려 비늘과 지느러미를 제거한다.
2. 황태껍질 쪽에 일자 모양으로 칼집을 넣고, 가장자리 양쪽에 잔 칼집을 넣어 오그라드는 것을 방지한다.
3. 유장(간장 2큰술, 참기름 2큰술)을 만들어 황태포에 발라서 재워둔다.

만들기

1. 손질한 황태는 간장, 참기름으로 유장하여 팬에 애벌구이한다.
2. 쇠고기는 불고기 양념으로 밑간하여 반죽한다.
3. ①의 황태껍질 부분에 찹쌀가루를 뿌리고 ②의 쇠고기를 펴 바른다.
4. 쇠고기를 부친 부분을 팬에 먼저 지지고, 황태 부분에 양념장을 바른다.
5. 뒤집어 구우면서 쇠고기 붙인 부분에도 양념을 바른다.
6. 먹기 좋은 크기로 잘라 접시에 가지런히 담고 파와 통깨를 뿌린다.

Tip

• 손님상에 낼 때에는 파 채를 얹으면 보기도 좋고 맛도 잘 어울린다.

황태찜

황태는 단백질뿐 아니라 비타민 B2와 나이아신이 많아서 간을 보호해주는 기능이 있다. 황태찜을 할 때에는 찹쌀을 입혀 지지는데 한방에서 찹쌀은 몸을 따뜻하게 하고 기를 보호하므로 중병 후 회복음식으로 특히 좋다고 한다.

재료(4인분)

황태 2마리, 콩나물 400g, 깻잎 10장, 대파 1뿌리, 미나리 50g, 찹쌀가루 50g, 국간장 15g, 참기름 15g, 청주 10g

양념장 | 고춧가루 75g, 다진 마늘 30g, 다진 파 15g, 생강즙 15ml, 청주 30ml, 진간장 15ml, 설탕 30g, 소금 15g, 후추 2g, 황태육수 100g

황태육수 | 황태머리 2개, 무 50g, 파 1뿌리, 멸치 20g, 청주 15ml, 생강 5g, 물 1L

실습 노트

준비하기

1. 황태는 머리, 꼬리, 지느러미를 제거한 다음 물에 불린 후 국간장, 참기름, 청주로 밑간을 한다.
2. 콩나물은 머리, 꼬리를 깨끗이 다듬는다.
3. 미나리는 5cm 길이로 썰어 놓는다.

만들기

1. 황태는 머리 부분을 무, 파, 멸치를 넣고 끓여 육수를 만든다.
2. 분량대로 양념장을 만든다.
3. 불린 황태는 물기를 제거하고 5cm 길이로 자른 후 찹쌀가루에 묻혀 지진다.
4. 팬에 양념장을 볶다가 콩나물과 지진 황태, 육수 한 국자를 넣고 뚜껑을 닫아 한소끔 익힌다.
5. 콩나물이 익으면 뒤적여서 양념이 골고루 섞이도록 한다.
6. 통깨와 참기름으로 맛을 낸다.

Tip

- 황태는 찹쌀가루에 묻혀 지진 후 찜을 하면 황태 살이 부스러지지 않고 찹쌀전분으로 인해 농도가 되직해진다.

회덮밥

생선회를 여러 생채소와 함께 초고추장에 비벼 먹는 한국식 회 요리이다. 일본 음식에서는 고추를 사용하지 않기에 매운 생선회를 밥에 얹어먹는 일이 없는데 한국에서는 옛날부터 가오리 회나 홍어회, 명태회 등에 식중독을 예방하기 위해 고추장과 식초를 사용하면서 입맛을 돋우고 있다. 최근에는 위생을 고려하여 냉동 참치회를 이용하는 경우가 일반적이다

재료(1인분)

참치회 100g , 양배추 30g, 상추 3장, 깻잎 3장, 당근 20g 적채 20g, 무 20g, 김가루 10g

양념장 I 고추장 30g, 식초 10ml, 생강즙 15ml, 매실액 15ml

실습 노트

준비하기

1. 채소는 곱게 채 썬다.
2. 양념장은 분량대로 혼합한다.

만들기

1. 채를 썬 채소는 찬 물에 헹궈 채반에 건져낸다.
2. 그릇에 채소를 돌려 담고 가운데 참치 살을 올린다.
3. 잣, 통깨, 참기름을 뿌린다.

Tip

- 채를 썬 적채를 식초를 희석한 물에 헹구면 색소가 빠져 적채의 색깔이 아주 곱다.
- 매실액 대신 물엿과 설탕을 사용하기도 한다.

갈치조림
고추부각 무침
고추장아찌, 양파 초절임
김부각
김치누름적
꽃게무침
노가리조림
달걀찜
도라지 오징어채무침
두부 쇠고기조림
마늘종 새우볶음
모둠 콩자반
문어채조림
미역 해산물 초무침
방풍나물 된장무침
양념꼬막찜
양미리조림
장조림
쥐치포, 명엽채볶음
홍어무침

반찬

갈치조림

갈치는 바다 깊이 살면서 운동을 별로 하지 않아 비교적 살이 연해 소화기가 약한 노인이나 어린이 영양식으로 적당하다. 칼슘, 인, 나트륨 등 무기질이 풍부하여 골다공증의 예방에 좋으며 특히 고도 불포화지방산인 EPA와 DHC 함량이 높아 기억력 증진에 효과적이다.

재료

갈치 1마리, 무 100g, 고구마 1개, 대파 1뿌리, 양파 1/2개, 풋고추 1개, 홍고추 1개, 식초 15ml

양념장 | 고추장 15g, 고춧가루 10g, 설탕 10g, 다진 마늘 5g, 생강즙, 15ml, 진간장 15ml, 소금 10g

실습 노트

준비하기

1. 갈치는 비늘과 지느러미를 제거하고 6cm 길이로 토막을 내 식초를 뿌려둔다.
2. 양념장은 분량대로 준비하여 만든다.

만들기

1. 냄비에 물을 붓고 먼저 무를 넣어 익힌다.
2. 무가 어느 정도 익으면 손질한 갈치와 채소를 넣고 양념장을 끼얹어 조린다.
3. 고추를 어슷하게 썰어 올리고 한소끔 더 끓인다.

Tip

- 생선을 조릴 때는 육수가 끓을 때 생선을 넣어야 살이 부서지지 않는다.
- 생선에 미리 식초를 조금 뿌려두면 비린내도 제거할 수 있고 살도 단단해진다.

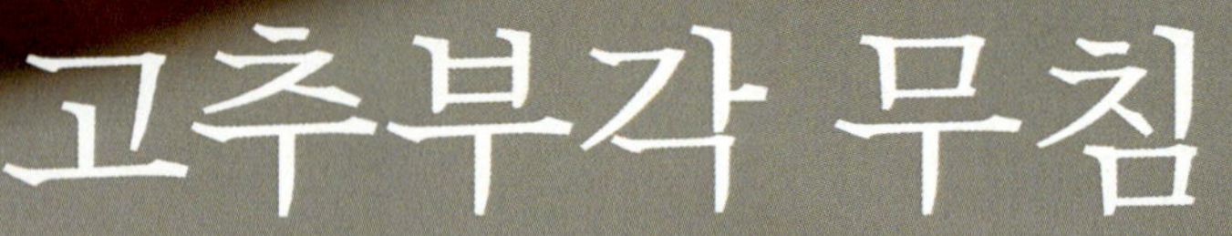

고추부각 무침

고추는 매운맛을 내는 캡사이신 성분이 많아 흔히 양념으로 사용하지만 이렇게 찹쌀가루를 입혀서 쪄서 말려 부각으로 만들어 두면 겨울철 내내 두고 먹을 수 있는 별미가 된다. 고추는 비타민 A와 C가 여느 과일보다 더 풍부할 뿐 아니라 캡사이신 성분이 비타민 C가 파괴되지 않게 보호해주는 역할을 하기 때문에 특히 항산화효과, 노화예방에 도움이 되는 식품이다.

재료

고추부각 50g
양념장 | 다진 마늘 15g, 다진 파 15g, 고춧가루 20g, 참깨가루 15g, 설탕 5g, 국간장 15ml, 참기름 15ml

실습 노트

고추부각 말리기

1. 꽈리 고추는 꼭지를 제거하고 씻는다.
2. 밀가루, 찹쌀가루를 혼합하여 꽈리 고추에 묻힌다.
3. 김이 오른 냄비에 채반을 깔고 ②의 고추를 넣고 뚜껑을 덮은 후 5분간 찐다.
4. ③의 고추를 햇볕에 말린다.

만들기

1. 말린 고추부각은 식용유에 튀기거나 볶는다.
2. 양념장을 분량대로 만들어 부각을 무친다.

Tip

- 고추부각, 김부각 등의 식품은 가을 햇볕에 말려야 습기 없이 잘 마른다.

고추장아찌, 양파 초절임

중국인들은 생양파를 일상적으로 식탁에 올리는 습관 때문에 돼지고기를 많이 먹는 데도 심장병의 발생률이 낮다는 보고가 있다. 양파의 매운맛 성분인 황화물이 혈관의 노화를 방지하고, 혈액을 묽게 하여 심혈관질환을 예방하는 기능을 한다. 양파 초절임은 생양파의 매운맛이 약화되어 꾸준히 먹을 수 있다.

재료

고추장아찌 I 고추 1kg, 간장 300ml, 식초 300ml, 설탕 300g, 물 300ml

양파 초절임 I 양파(작은 것) 1kg, 식초 400ml, 설탕 400g, 물 400ml, 소금 100g, 월계수 잎 1장, 계피 10g

실습 노트

준비하기

고추장아찌

고추는 꼭지 부분을 1cm 남기고 자른다.

양파 초절임

양파는 단단한 것을 준비하여 껍질을 벗기고 물기를 깨끗이 닦는다.

만들기

고추장아찌

간장, 식초, 설탕, 물을 분량대로 끓여서 고추에 붓는다.

양파 초절임

1. 식초, 설탕, 물, 소금을 끓여 식힌 후 양파에 붓는다.
2. 월계수 1장, 계피 10g을 넣는다.

Tip

• 같은 방법으로 무, 마늘, 푸른 토마토 등을 이용할 수 있다.

김부각

부각은 가을철 볕이 좋을 때 풀을 발라 정성스럽게 말렸다가 기름에 튀겨서 주안상이나 귀한 손님상에 올렸다. 기름에 넣으면 하얗게 부풀어 올라 바삭하고 고소하다. 양념을 바르지 않고 튀긴다는 점에서 튀각과 차이가 있다.

재료

김 20장, 찹쌀가루 50g, 소금 5g, 생강즙 15ml

실습 노트

김부각 말리기

1. 찹쌀가루에 물을 5배 정도 희석하여 되직하게 풀을 쑨다.
2. 소금과 생강즙으로 간을 한다.
3. 넓은 쟁반에 김 1장을 깔고 찹쌀 풀을 솔로 펴 바른다.
4. 풀을 바른 김 위에 또 김을 올리고 찹쌀 풀을 바른다.
5. 3장정도 겹쳐 바른 다음 바람이 잘 통하는 햇볕에서 말린다.

만들기

1. 잘 마른 김부각을 전자레인지에 넣고 10초간 돌리거나 기름에 튀긴다.
2. 기름에 튀길 때에는 온도를 높여서 빨리 튀겨내야 타지 않는다.

Tip

- 잘 마른 김부각은 지퍼백에 넣고 습기가 차지 않게 보관한다.
- 김부각을 말릴 때 건조기를 사용하면 30분 정도면 된다.

김치누름적

쇠고기를 기름기 없이 살코기만 곱게 다져 김치와 함께 지진 음식이다. 김치에는 비타민 C와 유산균이 많아 쇠고기의 고단백, 고콜레스테롤의 특성을 잡아주는 역할을 한다. 김치의 새콤함이 고기의 느끼한 맛을 줄여주어 외국인들에게도 인기가 있다.

재료

김치 200g, 다진 쇠고기 200g, 간장 15ml, 다진 파 15g, 다진 마늘 5g, 깨소금 5g, 참기름 15ml, 설탕 15g, 후추 약간

실습 노트

준비하기

김치의 고춧가루를 대강 털고 줄기 부분을 넓이 2cm, 길이 5~6cm 정도로 썬다.

만들기

1. 쇠고기를 양념장에 반죽한다.
2. 꼬치에 김치를 3cm 간격으로 꽂은 후, 사이사이에 양념한 고기를 얹고 잔 칼집을 넣어 편편하게 다듬는다.
3. ②에 밀가루, 달걀물을 묻히고 기름 두른 팬에 지진다.
4. 누름적이 완성되면 뜨거울 때 꼬치를 돌려 빼낸다.

Tip

• 동태포나 대구포 등을 이용하여 같은 방법으로 쇠고기와 같이 지진 음식을 사슬적이라고 한다.

꽃게무침

꽃게의 등껍질에는 아스타잔틴과 키틴산이 있는데 아스타잔틴은 꽃게가 가열되면 색이 붉어지게 만드는 원인 화학물이다. 키틴산은 지방의 분해를 촉진하여 체내 지방이 축적되는 것을 막아주므로 좋은 다이어트 식품이다. 꽃게는 식중독균이 자라기 쉬우므로 무침을 할 때는 특히 신선한 것 또는 선상에서 급속 냉동된 것을 골라 사는 것이 중요하다.

재료

꽃게 1kg, 당근 50g, 양파 1/2개, 대파 1뿌리, 청고추 1개, 홍고추 1개, 통깨 15g
간장소스 | 간장 50ml, 양파 1/2개, 대파 1/2뿌리, 생강 1쪽, 마늘 3쪽, 청주 30ml, 건 고추 1개, 멸치액젓 30ml, 설탕 30g, 꽃게 딱지, 물 500ml
양념장 | 간장소스 100ml, 고춧가루 50g, 물엿 50ml, 다진 마늘 15g, 다진 생강 5g, 소금 10g

실습 노트

준비하기

1. 꽃게는 등딱지를 떼어내고, 다리도 먹기 좋은 크기로 자른다.
2. 냄비에 손질하고 남은 꽃게 딱지, 다리 등을 넣은 다음 진간장, 물, 설탕, 액젓, 양파, 대파, 마늘, 생강을 넣고 국물이 절반 정도가 되게 조려 간장소스를 만든다.

만들기

1. 손질한 꽃게에 소금, 식초를 뿌려 밑간을 한다.
2. 조린 간장을 체에 걸러서 고춧가루, 다진 마늘, 다진 생강, 물엿을 넣고 양념장을 만든다.
3. 당근, 대파, 양파, 청고추, 홍고추를 어슷하게 썬다.
4. 양념장에 ①의 꽃게, ③의 채소를 넣어 무친다.

Tip

• 양념장은 간장소스가 따뜻할 때 고춧가루를 넉넉히 넣고 불려야 양념 색깔이 고와진다.

노가리조림

명태는 옛날부터 버릴 것이 없는 생선으로 머리와 뼈는 국물을 내는데 사용하고 살은 조림이나 탕으로, 딱딱한 껍질은 불려서 채소와 함께 무쳐 먹을 수 있다. 노가리는 이런 명태의 어린 새끼를 지칭하는 말로 흔히 술안주로 고추장에 찍어 먹기도 한다. 반 건조된 것은 조림이나 구이로 적합하다.

재료

노가리(반건조) 1kg, 청고추 2개, 홍고추 2개, 대파 1뿌리, 무 200g

양념장 | 고추장 50ml, 고춧가루 30g, 다진 마늘 30g, 생강즙 30ml, 진간장 50ml, 설탕 20g, 물엿 30ml, 청주 30ml, 후추 5g

실습 노트

준비하기

1. 노가리는 덜 마른 것으로 준비하여 지느러미를 제거하고 3cm 길이로 자른다.
2. 무는 3×4×1cm 두께로 썰어 놓는다.
3. 고추와 파는 굵고 어슷하게 썰어 놓는다.

만들기

1. 양념장을 분량대로 준비하여 혼합한 다음 물을 2컵 넣고 졸인다.
2. ①의 양념장에 무를 먼저 넣고 끓이다가 양념이 졸아들면 노가리를 넣고 조린다.
3. 노가리가 다 익으면 파, 고추를 넣고 물기 없이 졸인다.

Tip

• 너무 건조된 노가리는 조리하여도 딱딱함으로 덜 건조된 냉동 노가리를 사용한다.

달걀찜

노른자에 콜레스테롤이 많다고 기피하는 사람들이 있지만 달걀에 들어있는 콜레스테롤은 자라나는 어린 아이에게는 필수 영양소 중의 하나이며 부족하면 세포막이 약해지는 등 발육부진이 오게 된다. 고혈압과 고지혈증에 시달리지 않는다면 일반인들도 달걀부침보다는 이렇게 찜을 해먹는 것이 기름기 없이 조리되어 소화도 쉽고 건강에 좋다.

재료(4인분)

달걀 2개, 다시육수 200ml, 소금 5g, 파, 당근, 양파
다시육수 | 다시멸치 5g, 무 20g, 다시마 5g, 물 300ml

실습 노트

준비하기

1. 다시육수를 만든다.
2. 파를 송송 썬다.
3. 당근과 양파를 다진다.

만들기

1. 달걀은 소금 간하여 거품이 나도록 젓는다.
2. 다진 채소를 넣고 혼합한다.
3. 뚝배기에 다시육수 200ml를 넣고 끓으면 달걀물을 넣고 불을 약하게 하여 찐다.

Tip

- 육수가 너무 적으면 부풀어 오르지 않으므로 달걀과 물의 비율은 1:2가 적당하다.

도라지 오징어채무침

오징어채는 치밀한 결합 단백질이 많아 소화에 어려움을 겪는 경우가 많다. 도라지나 오이와 같이 채소와 함께 무치면 양이 많이 늘어나기 때문에 오징어채만 무칠 때보다 위의 부담이 가벼워진다. 또 도라지에 있는 사포닌 성분은 특히 호흡기를 보호하며 기관지를 확장시키는 등 목감기를 치료하는 효과가 있다

재료(4인분)

도라지 100g, 오징어채(진미채) 50g, 오이 1개, 풋고추 2개
양념장 I 고춧가루 45g, 고추장 15g, 식초 60g, 다진 마늘 15g, 다진 생강 15g, 물엿 30g, 설탕 10g, 참기름 15g, 통깨 10g

실습 노트

준비하기

1. 도라지는 먹기 좋은 길이로 편 썬다.
2. 진미채는 6cm 길이로 자른다.
3. 오이, 고추는 반을 갈라서 어슷하게 썬다.

만들기

1. 고추장, 고춧가루, 물엿, 설탕, 마늘, 생강즙, 식초를 혼합하여 양념장을 만든다.
2. 도라지와 진미채를 양념장에 무친다.
3. 오이, 고추를 넣고 가볍게 버무린다.
4. 참기름과 통깨로 맛을 낸다.

Tip

- 일반적으로 도라지는 쓴맛을 제거하기 위해 소금물에 담그지만 위와 같은 방법으로 무치면 쓴맛이 제거된다.

두부 쇠고기조림

두부만 조려도 맛은 있지만 너무 평범하여 손님 접대에 사용하기 어려울 때 두부 쇠고기조림을 만들어 보자. 다진 쇠고기를 넣어 조리면 손이 좀 더 가지만 식감이 좋고 정성이 깃든 요리가 된다.

재료

두부 1모, 쇠고기 300g, 다진 마늘 15g, 다진 파 15g, 소금 10g, 후추 3g, 참기름 15g, 설탕 5g, 깨소금 15g
양념장 | 진간장 30ml, 설탕 15g, 물엿 15ml, 물 100ml

실습 노트

준비하기

1. 두부는 반으로 잘라 1cm 폭으로 썬다.
2. 쇠고기는 파, 마늘, 소금, 후추, 참기름, 설탕, 깨소금으로 양념한다.

만들기

1. 두부를 앞뒤로 노릇하게 지진다.
2. 지진 두부를 대각선으로 잘라 삼각형이 되도록 한다.
3. 삼각형 모양의 두부 가운데에 칼집을 넣는다.
4. 양념한 쇠고기를 두부 속에 채운다.
5. 양념장을 만들어 조린다.
6. ⑤의 양념장에 속 채운 두부를 넣고 조린다.

Tip

• 양념장을 먼저 조린 후 두부를 넣고 익혀야 두부 속 쇠고기가 빠져나오지 않는다.

마늘종 새우볶음

마늘종에는 마늘보다는 약하지만 항균 항염증 성분이 들어있어서 혈관을 보호하는 역할을 한다. 새우에는 글리신과 베타인이라는 아미노산이 있어 단맛을 주지만 콜레스테롤이 많아서 심혈관계가 좋지 않은 사람이 많이 먹는 것은 나쁘다고 알려져 있다. 이렇게 건 새우와 마늘종을 같이 볶아 밑반찬으로 먹으면 충분한 단백질과 비타민을 함께 먹을 수 있다.

재료

마른 새우 100g, 마늘종 200g, 청주 15ml, 고춧가루(고운 것) 15g, 물엿 30ml, 설탕 15g, 식용유 30ml, 통깨, 참기름

실습 노트

준비하기

1. 새우의 다리와 꼬리를 제거한다.
2. 마늘종은 5cm 길이로 자른다.

만들기

1. 팬에 새우를 넣고 볶다가 청주를 살짝 넣고 볶아 새우의 비린 맛을 제거한다.
2. 고운 고춧가루를 넣고 볶다가 물엿, 설탕, 소금을 넣고 약한 불에서 졸인다.
3. 마늘종은 소금과 물을 약간 넣고 기름에 볶는다.
4. 볶은 새우와 마늘종을 혼합하여 참기름으로 맛을 낸다.

Tip

• 마늘종과 새우를 따로 볶아서 혼합하여야 마늘종이 선명한 색을 유지할 수 있다.

모듬 콩자반

콩 속에 든 이소플라본은 골다공증과 항암 효과가 탁월하며 간에 지방이 축척되는 것을 막고 콜레스테롤을 낮추어주는 등의 효과가 있는 것으로 알려져 있다. 이소플라본의 농도는 콩의 품종, 산지 등에 따라 다르지만 특히 고랭지 산간지역에서 나는 콩의 효과는 더 크다고 하니 다양하게 섞어 먹는 것이 좋다.

재료(4인분)

검은콩 300g, 땅콩 200g, 호두 100g
양념간장 | 진간장 50ml, 물엿 50ml, 설탕 10g

실습 노트

준비하기

1. 검은콩을 불린다.
2. 땅콩을 볶지 않고 생땅콩을 준비한다.

만들기

1. 불린 검은콩을 삶는다.
2. ①의 콩이 익으면 땅콩과 진간장, 물엿, 물을 넣고 조린다.
3. 어느 정도 조려지면 호두와 설탕을 넣고 윤기 나게 조린다.

Tip

• 콩을 조릴 때 처음부터 설탕을 넣으면 단단해지므로 마지막에 넣고 윤기 나게 조린다.

문어채조림

말린 문어채에는 쇠고기의 3배가 넘는 단백질이 있다. 고영양이기는 하지만 그 많은 단백질을 단시간에 소화시키려면 소화기관에 상당한 부담이 되므로 밑반찬으로 장만하여 매일 조금씩 여러 번 먹는 것이 좋다.

재료

문어채 300g, 청고추 1개, 홍고추 1개
양념장 | 진간장 50ml, 다진 마늘 15g, 생강즙 15ml, 청주 15ml, 고춧가루 10g, 설탕 15g, 물엿 30ml, 후추 5g, 물 150ml

실습 노트

준비하기

1. 문어채를 물에 불린다.
2. 고추는 어슷하게 썰어 놓는다.

만들기

1. 양념장을 분량대로 준비하여 졸인다.
2. ①의 조린 양념장에 불린 문어채를 넣고 윤기 나게 조린다.

Tip

- 양념장을 충분히 졸인 후 문어채를 넣고 조려야 문어채가 부드럽게 조려진다.

미역 해산물 초무침

미역 자체는 칼로리가 전혀 없으면서도 식이섬유소가 많아 쉽게 만복감을 주기 때문에 뛰어난 다이어트 식품이다. 미역에 든 끈적끈적한 성분인 알긴산은 중금속을 해독시키며 또 요오드가 방사능을 배출시키는 효과가 있다고 알려져 더욱 각광을 받고 있다.

재료

미역 50g, 오이 1/2개, 오징어 1마리, 새우 50g
초간장 l 진간장 30ml, 소금 5g, 설탕 20g, 식초 30ml, 물 30ml

실습 노트

준비하기

1. 미역은 찬물에 불린다.
2. 오이는 가늘게 채 썬다.
3. 오징어는 껍질을 벗겨 데친 다음 채 썬다.
4. 새우 살은 데쳐 놓는다.

만들기

1. 양념장을 분량대로 만든다.
2. 미역과 나머지 재료들을 양념장에 무친다.

Tip

- 미역은 찬물에 불려야 미끈거리지 않게 불려진다.
- 식초물 대신 동치미 육수를 사용할 수도 있다.

방풍나물 된장무침

우리나라 서해안에 많이 자라는 방풍나물은 예로부터 해열기능과 혈행 개선 효과가 있는 것으로 알려져 왔다. 해안가 바람이 막힌 사구 지역에서 자란다는 뜻의 방풍나물이지만 일부 사찰에서는 풍을 예방하는 효과가 있어서 방풍이라는 이름이 붙었다고 전해온다. 달큰 쌉싸래한 맛과 독특한 향이 있는 방풍나물은 어릴 때는 겉절이나 쌈채소로 생식하고 다 자란 것은 데쳐서 나물로 먹는다.

재료

방풍나물 200g
양념장 | 된장 15g, 고춧가루 5g, 다진 마늘 15g, 다진 파 15g, 참기름 15ml, 깨소금 15g

실습 노트

준비하기

1. 방풍나물의 억센 줄기는 떼어낸다.
2. 방풍나물을 끓는 물에 데쳐 찬물에 헹군다.

만들기

1. 양념장을 분량대로 준비하여 혼합한다.
2. 데친 방풍나물을 먹기좋은 크기로 썰어 ①의 된장양념에 무친다.

Tip

• 방풍나물은 데쳐내고 물기를 짠 뒤 간장 양념하여 식용유에 볶아도 좋다.

양념꼬막찜

꼬막은 소화 흡수가 잘 되고 고단백, 저지방의 알칼리 식품으로 영양학적 가치가 우수하다. 꼬막의 살에는 단백질과 비타민, 필수 아미노산이 균형 있게 들어있으며, 특히 철분과 각종 무기질이 다량 함유되어 조혈강장제로도 좋다. 또 아이들 성장에도 도움을 주며 저혈압을 개선하는 효능이 뛰어나 혈색을 좋게 해준다.

재료

꼬막 500g
양념장 | 국간장 45ml, 다진 마늘 15g, 다진 파 15g, 참기름 5ml, 설탕 5g, 깨소금 15ml

실습 노트

준비하기

1. 꼬막 조개는 여러 번 씻은 후 소금물에 넣어 해감 한다.

만들기

1. 물에 넣고 조개 입이 벌어질 때까지 삶는다.
2. 조개껍데기의 한 쪽을 떼어내고 양념장을 만들어 조금씩 끼얹는다.

Tip

- 꼬막 조개는 너무 삶으면 살이 쪼그라들고 질기므로 조개 입이 벌어지면 불을 끈다.

양미리조림

양미리는 까나리와 비슷하게 생긴 길고 가는 생선으로 동해안에서 많이 잡히는 어종이다. 10월 하순부터 겨우내 잡히며 싱싱할 때는 왕소금을 뿌려서 짚불에 구워 먹으면 좋은데 사천 양미리 축제가 유명하다. 반쯤 꾸덕꾸덕하게 말린 양미리는 살이 잘 부서지지 않고 가격이 저렴해 조림 요리로 많이 사용한다.

재료

양미리 1kg, 청양고추 2개, 홍고추 1개, 대파 1뿌리
양념장 | 진간장 45ml, 물엿 45ml, 고춧가루 20ml, 고추장 20g, 다진 마늘 15g, 후추 5g, 청주 15ml, 생강즙 15g, 설탕 15g

실습 노트

준비하기

1. 양미리는 약간 마른 것으로 준비하고, 씻어서 토막 낸다.
2. 고추는 씨를 제거하고 어슷하게 썰어 놓는다.

만들기

1. 마늘, 생강, 고춧가루, 고추장, 정종, 설탕, 물엿 등으로 양념장을 만든다.
2. 냄비에 물 200ml를 넣고 양념장을 풀은 다음 졸인다.
3. ②의 양념장에 양미리를 넣고 물기 없이 조린다.

Tip

• 건조된 양미리가 아닌 경우 밀가루를 묻혀 튀겨서 조리면 살이 부서지지 않고 잘 조려진다.

장조림

한국인들은 돼지고기 부위 중에서 삼겹살이나 목삼겹을 가장 선호하지만 기름기가 적은 안심이 건강에 더 유익하다. 근육이 연하고 육질이 부드러워 장조림을 하여도 딱딱해지지 않는다.

재료

돼지고기(안심) 1kg, 마늘 100g, 양파 1/2개, 대파 1뿌리, 달걀(메추리알) 300g
양념장 | 진간장 100ml, 캐러멜소스 10g, 정향 1g, 월계수 잎 1장, 통후추 5g, 생강 10g, 청주 30ml

실습 노트

준비하기

1. 돼지고기는 토막을 내어 끓는 물에 데쳐낸다.
2. 달걀(메추리알)은 삶아서 껍질을 깐다.

만들기

1. 물 1L와 양념장을 혼합하여 끓인다(향신료 첨가).
2. 데친 돼지고기를 넣고 끓인다.
3. 돼지고기가 익으면 달걀과 마늘, 설탕을 넣고 센 불에 5분 정도 조린다.

Tip

- 장조림용 고기는 기름기가 없는 부위를 사용해야 식은 후에도 기름이 응고되지 않는다.

쥐치포, 명엽채볶음

우리나라 동, 서, 남해와 동남아시아의 따뜻한 바다에 무리를 지어 서식하는 쥐치는 대개 베트남 등지에서 쥐포로 가공하여 수입이 되고 있다. 명태 외의 잡어 어포를 양념하여 말린 후 가늘게 채친 명엽채 역시 단백질이 많은 식품이지만 조미가 너무 강하게 되어 있지 않은 것을 골라야 한다.

재료

쥐치포 200g, 명엽채 200g, 참기름 15g
양념장 1 | 간장 50ml, 물엿 50ml, 설탕 20g, 청주 15ml, 물 150ml
양념장 2 | 간장 30ml, 고추장 20ml, 물엿 50ml, 설탕 20g, 청주 15ml, 물 150ml

실습 노트

만들기

쥐치포 볶음

1. 양념장을 윤기 나게 조린다.
2. 양념장이 뜨거울 때 쥐치포를 넣고 무친다.
3. 마지막으로 참기름, 통깨를 넣고 맛을 낸다.

명엽채 볶음

1. 팬에 식용유를 넉넉히 넣고 명엽채를 지지듯이 볶는다.
2. ①의 식용유를 따라내고 조린 양념장을 조금씩 넣어 무치듯이 버무린다.
3. 참기름이나 통깨를 뿌린다.

Tip

• 개인적인 기호에 따라 원하는 양념장으로 무친다.

홍어무침

전라도 지역의 대표 식재료인 삭힌 홍어는 1800년대 정약전 선생의 자산어보에 "나주(羅州)고을 사람들은 홍어를 삭혀 즐겨 먹는다"고 기록하고 있는 것으로 보아 오랜 역사를 가지고 있다. 강알칼리성 식품으로 콜라겐 성분이 많아 기미, 주근깨, 검버섯은 물론 피부미용에도 좋다고 알려져 있다. 전문상가에서는 며칠만 삭힌 것과 1달 이상 삭힌 것을 구분하여 판매하므로 기호에 따라 고를 수 있다. 외국인이나 홍어무침을 접해보지 않은 사람들에게는 오래 삭히지 않은 것을 내놓는다.

재료

홍어 500g, 배 100g, 무 100g, 오이 50g, 미나리 30g, 청고추 1개, 홍고추 1개, 막걸리 100cc

양념장 | 다진 마늘 15g, 다진 생강 30g, 2배 식초 50ml, 설탕 30g, 고춧가루 50g, 물엿 50ml, 잣 15g, 통깨 15g, 소금 10g, 참기름 15ml

실습 노트

준비하기

1. 홍어는 뼈의 반대 방향으로 채 썰어 식초, 막걸리, 소금에 재워둔다.
2. 오이는 편 썰고, 미나리도 5cm 길이로 썰고, 배는 굵게 채 썬다.
3. 무는 5×1cm 편으로 썬 후 식초, 소금, 설탕에 재워둔다.
4. 홍어와 무는 면보를 이용하여 물기를 제거한다.

만들기

1. 먼저 홍어에 고춧가루로 물을 들이고, 무를 넣어 무친 후에 마늘, 생강즙, 설탕, 물엿으로 무친다.
2. 나머지 채소를 넣고 버무린 후 참기름, 통깨로 맛을 낸다.
3. 마지막으로 배, 잣을 넣고 무친다.

Tip

- 홍어는 살이 붉을 정도로 삭혀야 무친 후 홍어 살이 쫄깃하며, 생강을 넉넉히 넣어야 홍어의 냄새가 제거된다.
- 홍어무침 양념에 일반 식초를 사용할 경우 물이 많아지므로 산성 성분이 2배 정도 강한 식초를 사용하여 수분을 줄인다.

겉절이
고들빼기김치
무쌈동치미
부추김치
섞박지
쇠머리찰떡
약식
열무김치
오이피클
우메기
유자화채
콩잎김치

김치·후식

겉절이

여름철 배추는 물이 많고 연하여 오래 저장해 먹을 수가 없다. 그러므로 여름에는 살짝 절여 양념에 버무려 바로 먹는 겉절이가 적당하다. 칼국수나 수제비, 설렁탕 등과 곁들여도 좋으며, 보쌈 등과 같이 먹을 때는 참기름과 깨소금이 살짝 들어가도 고소하다.

재료

배추 1통(2kg), 양파 100g, 쪽파 100g, 건 고추 10개, 통깨 30g

양념장 | 찹쌀풀 100g, 멸치액젓 100ml, 고춧가루 100g, 설탕 40g, 다진 마늘 30g, 다진 생강 5g

실습 노트

준비하기

1. 배추는 깨끗이 씻은 후 어느 정도 크기로 잘라 액젓에 재운다.
2. 양파는 채 썰고, 잔파도 썰어 둔다.
3. 물 100ml에 찹쌀가루 30g을 혼합한 후 끓여서 찹쌀풀을 만든다.
3. 건 고추는 불린 후 믹서에 간다.

만들기

1. 배추를 절인 액젓 국물을 따라낸다.
2. ①의 재료에 찹쌀풀과 고춧가루를 되직하게 풀고 마늘, 생강, 설탕을 혼합한다.
3. ②의 양념에 절인 배추를 버무린다.
4. 소금으로 간을 하고 통깨를 뿌린다.

Tip

- 겉절이 김치는 소금에 절여 물에 씻으면 배추 고유의 맛이 사라지므로 가능하면 젓국에 절여 바로 무쳐야 맛깔 나는 김치가 된다.
- 겉절이를 무칠 때는 찹쌀풀, 설탕 대신 물엿을 사용하면 양념이 배추에서 떨어지지 않고 윤기가 난다.

고들빼기김치

봄철 입맛이 없을 때 새콤한 고들빼기김치는 쌉싸래한 맛으로 나른해진 식욕을 불러일으킨다. 고들빼기의 쓴맛을 내는 사포닌 성분은 항암 효과 및 항노화 효과가 있고 그 외에도 다양한 폴리페놀이 고들빼기의 잎과 뿌리에 있어 기능성 식품으로 인기가 높다.

재료

고들빼기 2kg, 소금 200g, 쪽파 1/2단
양념장 | 물엿 50m, 액젓 100ml, 간장 50ml, 고춧가루 300g, 마늘 30g, 생강 5g, 설탕 20g, 통깨 30g

실습 노트

준비하기

1. 고들빼기를 소금에 절여 1~2일 정도 삭힌 후 찬물에 담가 소금기를 빼고 물기를 제거한다.
2. 삭힌 고들빼기를 물에 여러 번 헹궈 소금기를 제거한다.

만들기

1. 간장, 액젓, 설탕, 물엿을 넣고 끓인다.
2. ①에 고춧가루, 마늘, 생강을 넣고 혼합한다.
3. 고들빼기와 쪽파를 양념장으로 혼합한다.

Tip

- 자연에서 채취한 고들빼기는 쓴맛이 강하여 소금물에 장시간 삭혔으나 요즘에는 재배하여 쓴맛이 약하므로 오래 삭히지 않아도 무방하다.

무쌈동치미

무에는 카로틴, 비타민 C, 칼슘 등이 특히 많은데 무쌈동치미는 여기에 배, 고추, 대추 등 채소를 더하여 무기질과 비타민의 보고가 되는 김치다. 무의 속보다는 껍질 부분에 더 많은 영양소가 있다고 한다. 껍질을 제거하지 말고 상처 난 부분만 도려내고 전체를 다 사용하는 것이 좋다. 최근 무의 매운맛 성분인 치오시아네이트(Thiocyanate)가 항암 작용을 하는 식물 화학물질이라는 것이 밝혀져 더욱 가까이 해야 할 김치가 되었다.

재료

무 1개, 대추 100g, 밤 100g, 배 1개, 잣 50g, 홍고추 2개, 풋고추 2개, 실파 약간, 양파즙 100g, 배즙 100g, 무즙 100g, 대파 1뿌리, 마늘 30g, 생강 10g, 밀가루풀 100g, 소금

실습 노트

준비하기

1. 무는 기계로 얇게 썰어 소금에 절인다.
2. 밤, 대추, 배, 홍고추, 풋고추는 채 썬다.

만들기

1. 절인 무에 채 썬 채소들을 감싸서 돌돌 감는다.
2. 잔파로 묶어 풀어지지 않게 한다.
3. 용기에 차곡차곡 담는다.
4. 양파즙, 배즙, 무즙과 밀가루풀을 혼합하여 고운 체에 걸러서 소금으로 간을 한다.
5. ③에 삭힌 고추와 ④의 국물을 부어서 익힌다.

Tip

• 동치미 육수를 무가 푹 잠길 정도로 넉넉히 붓는다. 처음에는 떠오를 수 있으므로 무거운 것으로 눌러 놓는다.

부추김치

달래과에 속하는 부추는 특히 비타민 A의 함량이 7,000IU 정도로 많고 무기질도 넉넉하다. 사찰요리에는 마늘, 양파와 더불어 부추를 사용하지 않는다. 왜냐하면 부추는 열을 올리고 사람을 흥분시키는 성질이 있기 때문에 수도승이 먹어서는 안 된다고 한다. 부추는 특히 매콤한 맛을 주는 황을 함유하는 폴리페놀류가 많아 강장효과가 있다.

재료

조선부추 2kg, 멸치액젓 100ml, 당근 200g
양념 | 고춧가루 200g, 다진 마늘 30g, 다진 생강 10g, 설탕 20g

실습 노트

준비하기

1. 부추는 잎이 약간 넓은 조선부추를 준비한다.
2. 부추 줄기를 깨끗이 다듬어 씻고, 액젓을 부어 절인다.
3. 당근은 채 썬다.

만들기

1. 부추 절인 액젓 국물에 양념장을 혼합한다.
2. ①의 양념장에 당근과 부추를 잘라서 버무린다.

Tip

• 부추를 액젓에 절일 때 완전히 숨이 죽어야 부추김치의 풋내가 나지 않는다.

섞박지

가을의 단맛이 나는 무와 배추를 섞어서 담는 것이 섞박지이다. 배추나 무는 모두 비타민C가 풍부하고 뼈대 형성에 필요한 무기질인 칼슘과 인이 비교적 많다. 특히 무에 들어있는 전분 분해 효소인 디아스타아제는 소화를 용이하게 하며 풍부한 섬유질로 인해 장내 청소를 도와주는 기능이 있다.

재료

무 1개, 양파 1/2개, 대파 1뿌리, 소금 100g, 뉴슈가 5g, 흑임자 15g, 고춧가루 100g, 액젓 50g

실습 노트

준비하기

1. 무는 큼직하게 썰어 소금에 절인다.
2. 양파는 갈아 놓는다.

만들기

1. 절인 무는 한번 헹궈 물기를 제거한다.
2. 갈아놓은 양파에 고춧가루, 뉴슈가, 액젓, 대파를 넣고 불린다.
3. ②에 무를 넣고 버무린다.

Tip

- 섞박지에 매실청을 넣으면 무가 아삭하고 맛이 있다.
- 김치에 설탕을 넣으면, 국물이 탁해지고 물러지기 때문에 단맛을 내기 위해 뉴슈가를 사용하기도 한다.

쇠머리찰떡

찹쌀은 맛이 달고 소화가 용이하여 한방에서는 소화 기관이 약한 사람의 기를 보하는 재료로 분류한다. 쇠머리찰떡은 모듬배기라고도 불리는 충청도의 향토음식으로 찹쌀에 호박오가리, 밤, 서리태, 대추 등을 넣어 얼룩덜룩해 쇠머리편육을 닮았다는 뜻에서 붙여진 이름이다.

실습 노트

재료

찹쌀가루 1kg, 설탕 1컵, 물 1컵, 호박오가리 100g, 서리태 300g, 밤 20개, 대추 30개, 팥 200g

찹쌀가루 반죽 | 찹쌀가루 1kg, 물 100ml, 소금 5g, 설탕 50g, 물 150ml

준비하기

1. 밤은 속껍질까지 벗겨 4등분한다.
2. 대추는 씨를 빼고 3등분한다.
3. 호박오가리는 물에 씻어 3cm 정도 길이로 자른다(단 호박을 채 썰어 하루 정도 말려 사용하기도 한다). - 황설탕에 재운다.
4. 서리태는 깨끗이 씻어 물에 1시간 정도 불린 다음 삶다가 물이 1/2로 줄어들면 설탕을 넣고 물이 없어질 때까지 졸인다.
5. 팥은 익을 때까지 삶는다.
6. 찹쌀과 반죽 재료를 혼합하여 체에 내린다.

만들기

1. 찜기에 면보를 깔고 밤, 대추, 호박오가리, 콩의 순서로 준비된 재료의 1/2만 올린다.
2. ①에 체에 내린 찹쌀가루를 덮는다.
3. 나머지 재료를 올린다.
4. 찜통에 올리고 김이 새어 나가지 않도록 한 후 40분간 찐다.
5. 전부다 찐 떡을 넓은 도마나 쟁반에 쏟아 모양을 잡는다.
6. 식힌 후 적당히 썰어 낱개로 포장한다.

Tip

• 호박오가리 대신에 호박을 채 썰어 하루 정도 말려 사용하기도 한다.

약식

전통음식에서 꿀이 들어가는 음식에는 약이라는 단어로 표시를 한다. 그래서 약식, 약과, 약고추장 같은 요리명이 나온 것이다. 약식은 찹쌀과 대추, 밤 등을 쪄서 꿀로 조미한 것으로 명절이나 제사, 큰 행사에서 먹는 잔치요리이다. 근래에 와서는 꿀 대신에 캐러멜을 이용하여 단맛을 주고 있다.

재료

불린 찹쌀 1kg, 밤 10개, 잣 50g, 대추 50g

설탕시럽 | 캐러멜소스 5ml, 설탕 150g, 진간장 75ml, 소금 15g, 계피가루 10g

실습 노트

준비하기

1. 찹쌀은 깨끗이 씻어 2시간 정도 불려 놓는다.
2. 밤은 작게 썰고, 대추는 씨를 제거해 굵게 채로 썰어 놓는다.

만들기

1. 진간장, 캐러멜소스, 설탕, 소금, 계피가루 등을 분량대로 넣어 녹인다.
2. 압력밥솥에 불린 찹쌀, ①의 설탕시럽과 물을 함께 자작하게 붓고 밤, 대추를 넣어 밥을 짓는다.
3. 압력밥솥의 추가 흔들리면 불을 끄고 4분경과 후 김을 빼고, 뒤적이면서 참기름, 잣을 넣어 섞는다.
4. 모양 틀에 담아서 모양을 만든다.

Tip

• 예전에는 밥을 찜기에 쪄서 익히므로 오랜 시간이 걸렸으나 요즘은 압력밥솥을 사용하여 단시간에 만들 수 있다.

열무김치

어린 무의 싹과 뿌리로 담그는 열무김치는 열무보리밥, 열무냉면 등 주식에 곁들이는 일품김치로 더 유명하다. 열무의 잎에는 섬유질과 비타민이 많고 칼로리가 극히 낮아 다이어트 식품으로도 인기가 있다. 열무는 다 자라 억센 것보다는 연한 초록색으로 대가 통통한 것이 맛이 있다.

재료

열무 2kg, 양파 1/2개, 무 100g
양념장 | 마늘 7쪽, 생강 2쪽, 액젓 50g, 건 고추 10개, 밥 1/2공기, 설탕 20g, 고춧가루 15g, 소금 30g

실습 노트

준비하기

1. 열무는 깨끗이 씻어서 길게 자른다.
2. 양파, 무, 마늘, 생강, 건 고추, 밥을 믹서에 곱게 간다.

만들기

1. 간 양념에 소금, 설탕, 액젓, 물을 넣고 혼합한다.
2. 김치 통에 열무를 넣고 켜켜이 양념 국물을 끼얹는다(얼갈이, 쪽파, 오이를 같이 넣어 담글 수도 있다).

Tip

- 열무에 양념을 끼얹고 숨이 죽으면 아래, 위를 한번 뒤집어 준다.

오이피클

오이는 오이소박이, 오이냉국, 오이피클 등 더운 여름날 불을 사용하지 않고 만들 수 있는 음식의 대표적인 식재료이다. 오이의 이소케르시트린 성분은 이뇨작용이 있어 부종을 내리고 잉여 염분을 배출시키는 능력이 있을 뿐 아니라 열을 내리고 시원하게 만들어 더위에 지친 입맛을 살릴 수 있다.

재료

오이(조선오이) 10개

피클 국물 | 물 750ml, 식초 750ml, 설탕 700ml, 통후추 20g, 계피 40g, 샐러리 50g, 건 고추 4개, 소금 30g, 정향 7개, 양파 1개, 대파(흰 부분) 1뿌리, 월계수 잎 3장

실습 노트

준비하기

1. 오이는 작은 것으로 준비해 굵은 소금으로 오이의 표피를 비벼서 닦고 1시간 정도 절인 후 깨끗한 행주로 닦아 물기를 제거한다.
2. 분량대로 준비하여 향료다발을 만들어 놓는다.

만들기

1. 절임 국물(식초, 물, 설탕)을 준비한 다음 불에 잠시 끓여 식힌다.
2. 절인 오이를 용기 속에 넣고 향료다발과 국물을 붓는다.
3. 하루 정도 지난 후 향료다발을 꺼내고, 절인 오이는 1주일이 지난 후 피클로 사용한다(유리용기에 담는 것이 좋다).

Tip

- 향료다발은 정향, 월계수, 통후추를 양피에 꽂거나 실로 묶은 것으로 같이 끓이면 향신료 냄새가 너무 강하므로 별도로 넣는다.

우메기

개성주악이라고도 불리는 우메기는 발효성이 있는 막걸리로 찹쌀가루를 반죽하여 부풀려 튀긴 떡이다. 찹쌀만 쓰면 너무 늘어지기 때문에 일부 멥쌀을 섞기도 한다. 한방에서 찹쌀과 대추는 특히 궁합이 잘 맞는 재료로 본다. 대추가 찹쌀에 부족한 칼슘이나 섬유소를 보충해주기 때문에 영양학적으로 좋은 배합을 가진 떡이다.

재료

찹쌀가루 200g, 멥쌀가루 70g, 설탕 30g, 소금 2g, 막걸리 75ml, 튀김용 식용유, 대추, 잣

집청꿀 | 설탕 100g, 물 100ml, 꿀(조청) 100ml, 유자청 30ml

실습 노트

준비하기

1. 대추의 씨를 발라내고 돌돌 말아 얇게 슬라이스 한다.
2. 냄비에 설탕과 물을 혼합하여 젓지 않고 조린 다음 꿀이나 조청물엿을 혼합하여 집청꿀을 만든다.

만들기

1. 주악 만들기
   1) 찹쌀과 멥쌀은 섞어서 체에 친다.
   2) 막걸리에 설탕과 소금을 녹여 혼합된 찹쌀가루에 넣어 말랑거릴 정도로 반죽한다.
   3) 반죽을 직경 4cm, 두께 1cm 정도로 둥글납작하게 빚는다.
2. 팬에 식용유를 넉넉히 두르고 ①의 주악을 앞, 뒤를 뒤집어가며 노릇하게 지진다. 이때 너무 부풀어 오르면 숟가락으로 눌러 준다.
3. ②의 주악이 옅은 갈색이 나면 건져내어 기름을 빼고 집청꿀에 담갔다가 건져낸다.
4. 대추나 잣을 가운데 박아 고명한다.

Tip

- 주악의 반죽이 너무 되면 단단해지고, 질면 너무 부풀어 오른다.

유자화채

장보고가 중국에서 가져와 우리나라 남해안에 심었다는 유자는 껍질이 두껍고 향이 진한 감귤류이다. 유자의 노란 껍질 부분에는 베타카로틴과 비타민 C가 레몬보다 3배나 많이 들어 있다. 이런 특성 때문에 면역력을 올리고 겨울철 감기를 예방하는 특효약으로 유자차나 유자화채를 만들어 먹는다. 최근 유자에 들어있는 헤스페리딘이라는 식물 화학물질의 정체가 밝혀졌는데 뇌혈관장애를 개선시키는 효과가 있다고 하여 관심의 대상이 되고 있다.

재료

유자 2개, 배 1개, 잣 10g, 석류 1개
설탕시럽 | 설탕 200g, 물 1kg

실습 노트

준비하기

1. 유자는 껍질과 속을 도려내어 각각 채를 썬다.
2. 배는 얇게 채를 썬다.

만들기

1. 설탕과 물을 끓여서 식혀 설탕시럽을 만든다.
2. 채 썬 유자를 설탕시럽에 재워 놓는다.
3. 그릇에 유자 채와 배를 가지런히 돌려 담고 설탕물을 가만히 붓는다.
4. 석류와 잣을 띄운다.

Tip

• 설탕 대신 유자청이나 꿀을 사용하여도 좋다.

콩잎김치

콩잎에는 독특한 향기와 더불어 향긋한 맛을 주는 방향성분이 있어 모든 육류의 누린내나 생선 비린내를 없애주기 때문에 곁들이는 채소로 잘 어울린다. 여름철에 많이 나는 콩잎을 김치로 저장하면 시금치보다 더 많은 철분과 칼슘, 비타민을 꾸준히 먹을 수 있어 유용하다.

재료

콩잎 1kg, 밤채 100g, 마늘채 100g, 생강채 30g, 통깨
양념장 | 고운 고춧가루 200g, 물엿 100ml, 까나리액젓 100ml, 간장 100ml, 설탕 20g, 다진 마늘 30g, 다진 생강 5g

실습 노트

준비하기

1. 콩잎은 차곡차곡 쌓아서 소금물에 일주일 이상 삭힌다.
2. 밤, 마늘, 생강은 채 썬다.
3. 절인 콩잎을 물에 여러 번 헹군다.
4. ③의 콩잎을 찜통에 한 김 찐 후 찬물에 헹구고, 물기를 꼭 눌러 짠다.

만들기

1. 간장, 액젓, 물엿을 넣고 혼합한다.
2. ①에 고춧가루, 마늘, 생강을 넣고 혼합한다.
3. 찐 콩잎 사이사이에 양념장을 끼얹고 통깨와 밤채를 뿌린다.

Tip

• 절인 콩잎은 쪄서 담으면 콩잎이 질기지 않아 연하고 부드럽다.

갈비찜
고추잡채
굴림만두
대하찜
동남아식 도미찜
두부김치
드레싱
떡갈비와 마늘볶음밥
떡잡채
레드카레 치킨
만두무침
베이컨 야채말이조림
베트남 볶음국수
베트남 쌀국수
봉골레 스파게티
빠금장찌개
사천탕면
삼선자장면
알밥
양배추말이찜
양장피 잡채
연저육찜
오븐 스파게티
오향장육
월남쌈
육개장
잡채밥
참치샌드위치
초계탕
칠리새우
탕수육
표고찜
한국식 깐풍기
해파리냉채

생활 · 퓨전요리

갈비찜

소갈비 또는 돼지갈비를 갖은 양념을 하여 만든 한국의 찜요리다. 돼지고기에는 흡수율이 높은 철분과 메치오닌 성분이 많아 빈혈을 예방하고 간장을 보호하며, 풍부한 비타민 B군이 많아 피부를 윤택하게 할 뿐 아니라, 몸 안에서 합성되지 않아 반드시 식품으로 섭취해야 하는 양질의 필수 아미노산이 많은 식품이다.

재료

돼지갈비 1kg, 양파 1/2개, 밤 5알, 대추 10알, 은행 10알, 당근 1개, 대파 1뿌리, 월계수 잎 1장

양념장 | 배즙 50ml, 양파즙 50ml, 다진 마늘 15g, 생강 15g, 간장 50ml, 물엿 50ml, 청주 75ml, 설탕 15g, 후추 2g, 참기름 15ml

실습 노트

준비하기

1. 갈비는 찬물에 1시간 정도 담가 핏물을 제거한다.
2. 밤의 껍질을 제거하고, 당근은 밤 모양으로 썰고 모서리를 다듬는다.
3. 배와 양파는 물을 넣고 믹서에 간다.

만들기

1. 갈비를 끓는 물에 데친다.
2. 양파즙, 배즙, 간장, 물, 물엿, 마늘, 생강, 청주, 깨소금으로 양념장을 만들어 월계수 잎과 함께 넣고 은근히 조린다.
3. 고기가 익으면 채소와 설탕을 넣는다.
4. 채소가 익으면 대파와 참기름으로 마무리한다

Tip

• 갈비의 고기가 충분히 물러지면 채소와 설탕을 넣고 윤기 나게 졸인다.

고추잡채

고추의 베타카로틴 성분은 그냥 생식하는 것보다 기름을 더하여 볶거나 무칠 때 흡수율이 더 높아지기 때문에 고추잡채로 만들어 먹으면 많은 양을 먹을 수 있을 뿐 아니라 흡수 효율도 좋아진다.

재료(4인분)

불린 당면 100g, 청피망 3개, 홍피망 1개, 돼지고기 200g, 양파 1개, 마늘 2개, 파(흰 부분) 10g, 꽃빵 8개

양념 | 고추기름 15ml, 굴소스 15ml, 간장 30ml, 설탕 10g, 후추 5g, 참기름 15ml, 청주 15ml

실습 노트

준비하기

1. 돼지고기는 결대로 가늘게 채 썰어 놓는다.
2. 피망, 양파는 0.5cm 폭으로 채를 썬다.
3. 마늘, 대파는 가늘게 채를 썬다.

만들기

1. 팬에 고추기름을 두른 후 마늘, 대파를 넣고 볶아 향을 낸 다음 돼지고기, 피망, 양파를 넣고 볶는다.
2. 굴소스, 간장, 설탕, 후추로 간을 한 다음 불린 당면을 넣고 볶는다.
3. 참기름으로 맛을 낸다.
4. 꽃빵을 쪄서 곁들인다.

Tip

- 고추기름 만들기 : 식용유에 양파, 마늘, 생강, 대파, 건 고추를 넣고 갈색이 나도록 은근히 튀긴 다음 조금 식힌 후 고춧가루를 넣는다.
- 꽃빵은 다른 말로 화권이라고도 한다.

굴림만두

평안도 지역에서 겨울철에 만들어 먹던 향토요리다. 만두피를 따로 밀지 않고 만두 속만 만들어 밀가루로 굴려 삶아낸 만두로 담백한 물만두의 맛을 지니고 있다. 기름기가 없는 살코기 부위를 주재료로 쓸 뿐 아니라 만두피가 없어서 먹는 양에 비해 칼로리가 적으면서도 고단백 음식이다.

재료(4인분)

다진 쇠고기 300g, 두부 1/2모, 부추 100g, 건 표고버섯 4개, 밀가루 100g, 달걀 3개

양념 | 다진 마늘 15g, 다진 파 30g, 생강즙 15ml, 청주 30ml, 소금 10g, 후추 2g, 참기름 15g

육수 | 다시멸치 10마리, 다시마 10g, 물 2L

초간장 | 간장, 탕파, 식초, 깨소금, 고춧가루

실습 노트

준비하기

1. 건 표고버섯을 불려 기둥과 물기를 제거한 후 다진다.
2. 부추는 송송 썬다.
3. 두부의 물기를 꼭 짜서 으깬다.
4. 찬물에 멸치, 다시마, 무를 넣고 육수를 만든다.

만들기

1. 고기, 두부 등 모든 재료를 혼합하고 분량대로 양념을 넣어 반죽한다.
2. 반죽한 고기소를 둥글게 빚어 밀가루 - 달걀 - 밀가루 순으로 굴려서 옷을 입힌다.
3. 육수가 끓을 때 밀가루 옷을 입힌 만두소를 넣어 만두가 동동 뜰 때까지 끓인다.
4. 초간장을 곁들인다.

Tip

- 굴림만두는 만두피를 별도로 만들지 않고 간편히 할 수 있는 음식이다.
- 밀가루-달걀-밀가루를 반복할수록 만두피는 두꺼워진다.
- 밀가루에 녹차가루나 카레가루를 섞으면 다채로운 굴림만두를 만들 수 있다.

대하찜

대하에는 글리신, 글루탐산, 알라닌과 같이 단맛을 내는 작은 아미노산이 많이 들어 있어 다른 양념 없이 굽기만 하여도 맛있다. 대하찜은 복을 부르는 오방색의 원리를 이용한 대표적인 전통 잔치음식이다. 대하가 익었을 때 나오는 붉은색 바탕 위에 고명으로 검은 석이와 초록 파, 달걀의 황백색 등을 올려 대하와 어우러지게 만든다.

재료(4인분)

새우(大) 4마리, 달걀 1개, 석이버섯 10g, 파 약간
양념 | 파, 마늘, 소금, 참기름, 설탕, 후추

실습 노트

준비하기

1. 석이버섯을 불려 잎만 떼어내어 물기를 제거한 다음 다진다.
2. 새우는 큰 대하를 준비하여 등 쪽을 갈라 살을 발라낸 후 굵게 다지고, 껍질은 깨끗하게 씻어 놓는다.
3. 달걀은 삶아서 황·백을 분리하여 체에 내린다.
4. 대파는 푸른 부분을 준비하여 다진다.

만들기

1. 새우 살에 소금, 후추, 참기름으로 양념한다.
2. 석이버섯은 참기름에 조물조물 무친다.
3. 새우껍질 안에 양념한 새우 살을 채우고 달걀가루, 석이버섯, 파 등을 고명하여 찐다.

Tip

- 새우가 익으면 붉은색을 띠므로 붉은 야채는 사용하지 않는 것이 좋다.
- 석이버섯 대신 표고버섯을 다져서 사용해도 된다.

동남아식 도미찜

전통적인 도미찜은 포를 뜬 도미 살을 전으로 부치고 이를 다시 도미 뼈에 잘 배치하여 오색고명을 얹어서 찜통에 쪄서 만든다. 이것은 만드는 데 손이 너무 많이 가고 모양이 흐트러지기 쉽다. 반면 매운 도미찜은 통으로 튀긴 뒤 양념으로 조려내는 방식이어서 더 간편하고 현대적인 취향이다.

재료(1인분)

도미 1마리

소스 | 청양고추 5개, 홍고추 2개, 마늘 20g, 생강 10g, 대파 20g, 까나리액젓 30ml, 설탕 30g, 레몬즙 30ml, 전분 30g

실습 노트

준비하기

1. 도미는 비늘과 내장, 아가미를 깨끗이 제거한 다음 생강즙과 청주를 뿌려둔다.
2. 고추는 반을 갈라 씨를 제거한다.
3. 마늘은 편 썰고, 생강, 대파는 가늘게 채 썬다.

만들기

1. 도미 살이 서로 교차되게 어슷한(×)모양으로 칼집을 넣고 녹말가루를 묻혀 기름을 끼얹어 가며 노릇하게 지진다.
2. 고추기름에 마늘, 생강, 파, 고추를 볶다가 물, 액젓, 설탕, 레몬즙을 넣고 끓인다.
3. ①의 지진 도미를 넣고 소스를 끼얹어 가며 조린다.
4. 접시에 생선을 담고 나머지 소스는 생선 위에 끼얹는다.

Tip

- 생선요리는 미리 생강즙과 청주에 재워두면 살이 부스러지지 않고 비린내가 많이 제거된다.
- 태국식으로 생선을 소스에 졸이지 않고 소스만 별도로 졸여서 생선 위에 끼얹어도 맛있는 요리가 된다.

두부김치

방금 만든 따끈한 생두부에 김치볶음을 얹어 먹는 두부김치는 가장 서민적이면서도 웰빙 트렌드에 잘 맞는 건강요리다. 두부에는 쌀을 주식으로 하는 한국인들에게 부족하기 쉬운 라이신과 같은 필수 아미노산과 필수 지방산이 넉넉할 뿐 아니라 식물성 여성호르몬이라고 불리는 이소플라본, 콜레스테롤의 흡수를 막아주는 피토스테롤과 같은 신체 활성물질이 많이 들어있어 먹을수록 건강한 식생활을 할 수 있다.

재료(4인분)

두부 1모, 김치 250g, 돼지고기 200g, 대파 1뿌리, 양파 1/2개, 참기름, 통깨 약간
양념장 | 고춧가루 30g, 다진 마늘 15g, 다진 파 15g, 설탕 10g, 청주 15ml, 후추 5g

실습 노트

준비하기

1. 두부는 반으로 잘라 1cm 폭으로 썰어 놓는다.
2. 돼지고기는 삼겹살을 준비하여 3cm 폭으로 썰어 놓는다.
3. 김치는 5cm 길이로 썰어 놓는다.

만들기

1. 돼지고기를 볶아 기름을 낸 후 김치, 양파, 대파를 넣고 볶는다.
2. 양념장을 분량대로 만들어 넣고 볶는다.
3. 두부는 다시육수에 데쳐낸다.
4. 접시에 두부를 돌려 담고 가운데 김치볶음을 올린다.

Tip

• 두부를 데치는 육수는 일반적으로 멸치, 무, 다시마를 사용하여 국물을 우려내지만 물을 사용해도 무방하다.

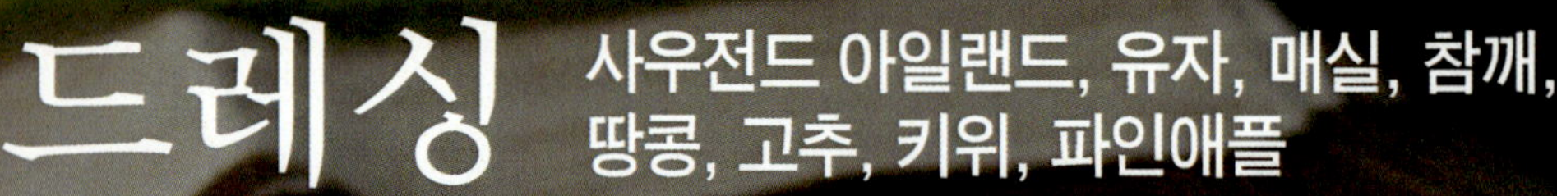

드레싱

사우전드 아일랜드, 유자, 매실, 참깨, 땅콩, 고추, 키위, 파인애플

드레싱은 샐러드나 무침 등에 독특한 맛과 향으로 악센트를 주는 역할도 하지만 주재료에 부족한 성분을 보충하여 영양적으로 균형 잡힌 음식을 만드는 데도 일조한다. 특히 유자, 매실, 파인애플 등 과일과 향채소, 견과류를 풍부하게 사용한 드레싱은 곁들이기만 하여도 음식에 웰빙 이미지를 주어 부가가치를 창출하게 된다.

사우전드 아일랜드 드레싱

재료 | 마요네즈 100g, 삶은 달걀 1개, 오이피클 30g, 양파 30g, 케첩 30g, 피클주스 50ml

만들기 | 삶은 달걀, 오이피클, 양파는 다져서 마요네즈, 케첩, 피클주스와 혼합한다.

유자 드레싱

재료 | 유자청 50g, 물 50g, 레몬 1/4개, 간장 15ml, 참기름 15ml

만들기 | 모든 재료를 믹서에 넣고 간다.

매실 드레싱

재료 | 매실원액 50ml, 절임매실 30g, 간장 30ml, 참기름 15ml

만들기 | 모든 재료를 믹서에 넣고 간다.

참깨 드레싱

재료 | 참깨 50g, 식초 15ml, 간장 15ml, 물 15ml, 설탕 15ml, 참기름 15ml, 겨자즙 10ml

만들기 | 모든 재료를 믹서에 넣고 간다.

땅콩 드레싱

재료 | 땅콩(크런치) 50g, 청고추 3개, 홍고추 1개, 레몬주스 50ml, 설탕 20g, 물 50ml, 참기름 30ml

만들기 | 레몬주스, 물, 설탕, 참기름을 섞은 후 땅콩가루, 다진 고추를 혼합한다.

파인애플 드레싱

재료 | 파인애플 50g, 양파 50g, 레몬 50g, 간장 30ml, 식초 30ml, 물 90ml, 설탕 30g

만들기 | 모든 재료를 믹서에 넣고 간다.

키위 요구르트 드레싱

재료 | 키위 1개, 플레인 요구르트 100g, 키위주스 50g, 설탕 15g, 소금 3g

만들기 | 모든 재료를 믹서에 넣고 간다.

실습 노트

떡갈비와 마늘볶음밥

떡갈비는 갈비살을 곱게 다져서 양념하여 치댄 후 갈비뼈에 도톰하게 붙여 양념장을 발라가며 구워 먹는 구이요리이다. 전라남도 담양, 해남, 장흥, 강진 등지에서 시작된 요리로 예로부터 전해 내려오는 고유한 요리는 아니다. 만들 때, 인절미 치듯이 쳐서 만들었다고 하여 떡갈비라 부르게 되었고 다른 갈비요리와는 달리 갈비살을 곱게 다져서 만들기 때문에 연하고 부드러운 고기 맛을 느낄 수 있다. 또 마늘은 한국인의 식탁에 없어서는 안 되는 양념이지만 이렇게 마늘볶음밥을 해도 맛있다.

재료(1인분)

떡갈비 l 소갈비살 200g, 양파 50g
불고기 양념장 l 간장 15ml, 배즙 15ml, 양파즙 15ml, 다진 마늘 10g, 다진 파 10g, 황물엿 15ml, 설탕 5g, 청주 5ml, 후추 1g, 참기름 10ml, 깨소금 5g
마늘볶음밥 l 밥 1공기 , 달걀 2개, 당근 10g, 양파 10g, 대파 10g, 마늘 50g, 굴소스, 소금, 후추

실습 노트

준비하기

떡갈비
1. 갈비는 살로 준비하여 다진다.
2. 양파는 곱게 다져서 물기를 제거한다.
3. 불고기 양념장을 분량대로 준비하여 혼합한다.

마늘볶음밥
1. 양파, 당근, 대파는 다지고 마늘은 편으로 썬다.

만들기

떡갈비
1. 갈비살에 다진 양파와 불고기 양념장 20ml, 찹쌀가루 10g을 넣어 반죽한다.
2. ①의 갈비살을 둥글넓적하게 모양을 잡는다.
3. 준비된 갈비를 석쇠나 팬에 익힌다.
4. 나머지 불고기 양념장에 물을 희석하여 조린다.
5. 마늘은 편으로 썰어 볶다가 ④의 소스와 혼합한다.

마늘볶음밥
1. 마늘과 채소를 볶다가 밥을 넣고 같이 볶는다(굴소스, 소금, 후추).
2. 달걀을 풀어 지단을 부친 후 볶은 밥을 넣고 싼다.
3. 접시에 마늘볶음밥을 올리고 떡갈비를 곁들여 소스를 끼얹는다.

떡잡채(궁중 떡볶이)

궁중이나 반가에서는 붉은 고춧가루가 든 음식을 천히 여겨 양념에 잘 사용하지 않았다. 그래서 궁중 떡볶이도 쇠고기와 표고, 당근, 은행 등의 고급 재료를 떡과 함께 볶아 간장으로 담백하게 양념하였다. 고추장으로 소스를 만든 현대의 자극적인 떡볶이는 6.25 전쟁 이후에 나타난 것이라고 한다.

재료

가래떡 200g, 쇠고기 50g, 당근 50g, 양파 1/2개, 조선부추(피망) 50g, 건 표고 3개, 달걀 1개

불고기 양념장 | 진간장 30ml, 다진 파 15g, 다진 마늘 15g, 설탕 15g, 참기름 15g, 깨소금 10g, 후추 약간

실습 노트

준비하기

1. 건 표고버섯은 불린 후 기둥은 떼어내고 물기를 제거한 후 채 썬다.
2. 가래떡은 5×0.5cm정도로 썬다.
3. 쇠고기, 당근, 양파는 채 썬다.
4. 달걀은 황·백 지단을 부쳐 채 썬다.
5. 부추는 6cm 길이로 썬다.

만들기

1. 가래떡을 끓는 물에 데친 다음 참기름, 간장에 무친다.
2. 쇠고기는 불고기 양념장 15ml을 넣고 양념한다.
3. 팬에 고기를 넣고 볶다가 떡과 채소를 넣고 볶는다.
4. 양념장과 물을 희석하여 넣고 윤기 나게 졸인다.
5. 은행과 황·백 지단으로 고명한다.

레드카레 치킨

레드카레를 곁들인 치킨요리

태국식 카레 페이스트는 주재료의 색에 따라 레드카레, 강황을 주로 하는 옐로카레, 고수와 파란 고추를 많이 넣은 그린카레 등이 있다. 이중에서 붉은색 고추가 주가 된 레드카레는 한국인의 입맛에 잘 맞는다. 태국에서는 매운 맛을 부드럽게 하고 향을 더하기 위해 코코넛밀크를 넣어 끓이는데 코코넛밀크에는 포화지방이 많기 때문에 생크림으로 대체하는 것이 좋다.

재료(4인분)

닭다리 8쪽, 매운 카레가루 60g, 고춧가루(고운 것) 15g, 생크림 15ml, 땅콩 50g, 생선소스(까나리액젓) 30ml, 설탕 15g, 식용유 75ml

실습 노트

준비하기

1. 닭다리의 뼈를 제거하여 넓게 펴고 칼집을 낸다.
2. 뼈를 발라낸 닭고기를 청주, 후추를 뿌려 재운다.

만들기

1. 닭고기는 녹말가루를 묻힌 후 기름 두른 팬에 지진다.
2. 냄비에 고춧가루를 넣고 볶다가 카레가루를 넣고 2 ~ 3분 정도 더 볶는다.
3. 육수를 붓고 끓인 다음 ①의 닭고기를 넣는다.
4. 생선소스, 설탕으로 간을 한 다음 땅콩가루를 넣고 조린다.
5. 접시에 밥을 담고 치킨 카레를 끼얹는다.

Tip

• 레드카레 페이스트는 수입재료상에서 구입하며 고춧가루를 넣지 않아도 된다.

만두무침

군만두는 기름기 때문에 느끼한 맛이 강하고 소화가 잘 되지 않는다는 단점이 있다. 이러한 군만두를 다양한 채소와 새콤달콤하게 무쳐 놓으면 깔끔한 맛으로 기름의 무거움을 덜 수 있다. 또 한 끼 식사로도 충분한 비타민과 무기질을 함께 얻을 수 있다.

재료

만두(군만두용) 400g, 쫄면 200g, 양배추 100g, 콩나물 100g, 당근 50g, 오이 50g, 참기름, 통깨

양념장 | 배즙 50ml, 양파즙 50ml, 다진 마늘 15g, 생강즙 15g, 사이다 30ml, 식초 75ml, 고춧가루 75g, 고추장 15g, 소금 10g, 설탕 45g, 물엿 30ml, 겨자즙 10g, 참기름 15ml, 물

실습 노트

준비하기

1. 양배추, 당근, 오이를 채 썬다.
2. 콩나물은 끓는 물에 데쳐서 찬물에 헹군다.

만들기

1. 만두를 튀긴다.
2. 쫄면은 끓는 물에 삶아서 찬물에 헹군다.
3. 준비된 재료들을 분량대로 혼합하여 양념장을 만든다.
4. 쫄면과 채소를 양념장에 무친다.
5. 군만두를 그릇의 가장자리에 돌리고, ④의 쫄면과 채소를 가운데 올린다.

Tip

• 쫄면과 채소를 무칠 때 쫄면을 양념장에 먼저 무치고 채소를 올리면 채소의 숨이 죽지 않는다.

베이컨 야채말이조림

베이컨은 아이들이 좋아하는 식재료이지만 고온에 의해 좋지 않은 과산화물들이 생기기 쉽다. 데친 후 채소와 함께 조리하면 훨씬 건강에 유익하다.

재료

베이컨 5장, 청피망 1개, 홍피망 1개, 꼬치 10개

양념장 | 간장 30ml, 설탕 10g, 물엿 15g, 청주 15ml, 물 50ml, 참기름 15ml

실습 노트

준비하기

1. 청피망, 홍피망은 굵게 채 썰어 놓는다.
2. 베이컨은 끓는 물에 데친다.

만들기

1. 채 썬 피망을 베이컨으로 말고, 양 끝을 꼬치로 찔러 고정시킨다.
2. 냄비에 양념장을 분량대로 준비하여 졸인다.
3. ②의 양념장에 ①의 베이컨 야채말이를 넣고 윤기 나게 조려 썬 다음 접시에 담는다.

Tip

- 베이컨을 끓는 물에 데쳐 기름기를 제거하고 조리면 빠른 시간 내에 음식을 완성할 수 있다.

베트남 볶음국수

쌀국수는 더운 물에 불리기만 하여도 부드러워져 간편하게 요리하기 쉬운 동남아의 식재료이다. 각종 채소채와 숙주를 쌀국수와 같이 단시간에 볶아내면서 라임이나 레몬으로 신맛을 내고, 생선소스로 간을 맞추고 설탕의 단맛이 어우러지도록 양념을 한다. 생선소스가 없으면 맑은 액젓을 희석하여 사용하여도 좋다.

재료(1인분)

베트남국수 50g, 새우 30g, 쇠고기 50g, 숙주 50g, 양파 1/4개, 홍고추 1개, 청양고추 1개, 호부추 30g, 고수(코리앤더) 1장

소스 | 생선소스 30ml, 설탕 10g, 레몬즙(식초) 15ml, 후추 30g, 땅콩가루 20g

실습 노트

준비하기

1. 쌀국수는 물에 담가 불린다.
2. 숙주는 꼬리를 다듬고, 양파는 채 썬다.
3. 고추는 송송 썬다.

만들기

1. 쇠고기와 새우를 볶다가 쌀국수, 숙주, 양파, 부추를 넣고, 양념소스를 부은 후 다시 볶는다.
2. 위에 고수와 땅콩가루를 뿌린다.

Tip

- 불린 쌀국수는 오래 볶으면 서로 붙어버리므로 빠른 시간에 볶아낸다.
- 동남아 음식에 독특한 향을 주는 고수가 입맛에 맞지 않으면 실파로 대신하여도 좋다.

베트남 쌀국수

베트남 국수도 여러 종류가 있다. 베트남의 북부에서는 주로 쇠고기 육수를 우려내 고명으로 삶은 쇠고기와 샤브샤브 쇠고기를 같이 올려서 먹고, 남부에서는 닭 육수를 우려내어 불린 쌀국수를 말아 닭고기를 고명으로 먹는다. 마지막에 올리는 고수는 독특한 냄새로 인해 한국 사람들은 싫어하기도 하지만 현지인들에게는 없어서는 안 될 향신채이다.

재료(1인분)

베트남 쌀국수 50g, 사골국물 350ml, 쇠고기(샤브샤브용) 50g, 숙주 50g, 고수 1장

양념소스 | 홍고추 1개, 청양고추 1개, 땅콩 20g, 생선소스 30ml, 레몬식초 15ml

실습 노트

준비하기

육수 만들기

1. 소뼈는 찬물에 담가 핏물을 빼고 끓는 물에 데쳐서 기름기를 제거한다.
2. ①에 다시 찬물을 부어 서서히 끓인다.
3. 끓는 육수에 구운 생강, 양파, 계피, 통후추, 팔각, 정향을 넣는다.
4. 국물이 우러나면 고운 체에 거른다.
5. 소금으로 간을 한다.

소스 만들기

생선소스에 송송 썬 홍초, 대파를 혼합한다.

만들기

1. 쌀국수는 찬물에 넣어 불린다.
2. 숙주는 꼬리를 다듬고, 쇠고기는 한입 크기로 썬다.
3. 쌀국수를 끓는 물에 삶아 건져 찬물에 헹구어 놓는다.
4. 육수에 숙주와 샤브샤브용 고기를 살짝 데친다.
5. 그릇에 쌀국수를 담고 숙주와 샤브샤브 고기를 올려 뜨거운 육수를 붓는다.
6. 소스를 곁들여 먹는다.

Tip

- 생선소스를 구할 수 없을 때에는 까나리액젓에 송송 썬 홍고추, 청고추, 땅콩가루를 혼합한다.

봉골레 스파게티

올리브유는 가공처리 과정을 거치지 않는 식물성 유지이기 때문에 천연의 폴리페놀류가 그대로 남아있다. 봉골레 스파게티는 싱싱한 모시조개를 올리브유와 와인에 볶아 나온 조개의 맛 국물로 스파게티를 조미한, 단순하면서도 세련된 이탈리아 음식이다.

재료(1인분)

스파게티 100g, 모시조개 10개, 관자살 2개, 마늘 5쪽, 건 고추 2개, 파슬리 1줄기, 소금, 후추, 올리브유(엑스트라 버진) 30ml, 백포도주 50ml

실습 노트

준비하기

1. 모시조개를 소금물에서 해감 한다.
2. 마늘은 반으로 잘라 놓는다.
3. 파슬리는 곱게 다져 물기를 꽉 짠다.
4. 고추는 2cm 길이로 자른다.

만들기

1. 끓는 물에 소금을 약간 넣고 면을 삶는다.
2. 팬에 올리브유를 두르고 마늘을 먼저 볶아서 건져낸다.
3. ②의 올리브유에 모시조개와 관자살을 넣고, 백포도주를 넣는다.
4. 조개가 입을 열면 건 고추를 넣고 볶는다.
5. ④의 육수를 별도로 분리하여 면을 넣고 볶는다.
6. 소금, 후추로 간을 하고 건져낸 마늘, 모시조개, 해산물을 넣고 버무린다.
7. 접시에 담고 파슬리 가루를 뿌린다.

Tip

- 면을 7분 정도 꼬들꼬들하게 삶는다.
- 백포도주를 넣은 후에는 가끔 뚜껑을 열어 알코올을 날려 보내준다.
- 모시조개는 짠 맛이 강하므로 육수의 양을 조절하여 사용한다.

빠금장찌개

여름철 된장이 떨어졌을 때 메주를 김칫국물에 삭혀 부뚜막에서 속성으로 띄워 먹던 빠금장은 충청도의 향토음식이다. 일반 된장에 비해 유산균과 비타민이 많고 새콤한 맛이 있어 향수를 자극하는 찌개이다.

재료(1인분)

빠금장 30g, 무 20g, 애호박 20g, 대파 10g, 두부 30g, 청고추 1개, 고춧가루 10g, 다시육수 300ml

실습 노트

준비하기

1. 멸치, 다시마, 무로 육수를 끓인다.
2. 무, 호박은 나박하게 썬다.

만들기

1. 다시육수에 먼저 무, 김치를 넣고 끓이다가 빠금장을 넣는다.
2. 호박, 두부, 대파, 청고추 등을 넣는다.

빠금장 만들기

1. 메주 500g을 빻아서 물 1L로 반죽하여 2 ~ 3일 발효한다.
2. 소금 150g으로 간을 하여 냉장고에 보관한다.

Tip

• 빠금장찌개를 끓일 때 채소를 먼저 끓이고 나중에 된장을 넣고 한소끔만 끓여야 유산균이 사멸되지 않는다.

사천 탕면

사천탕면은 굴, 바지락, 갑오징어 등 여러 해산물을 끓여 만든 중국식 탕면에 매운 사천고추를 더하여 만든다. 마치 짬뽕이 중국에는 없는 것처럼 사천탕면도 사천에서는 볼 수 없는 칼칼한 맛의 한국식 퓨전요리이다. 일부에서는 고춧가루 대신 사천고추를 넣어 색이 희기 때문에 백짬뽕이라고도 부른다.

재료(4인분)

자장생면 400g, 배추 2장, 양파 1/2개, 부추 30g, 대파 20g, 죽순 100g, 표고버섯(불린 것) 4개, 목이버섯(불린 것) 30g, 오징어 1마리, 새우 50g, 해삼(불린 것) 50g

양념 | 마늘 1개, 생강 약간, 정종 15ml, 설탕 5g, 간장 15ml, 굴소스 15ml, 소금, 후추 약간

닭 육수 | 물 2L, 매운 건 고추 5개, 대파 1/3뿌리, 생강 1쪽, 닭뼈 400g

실습 노트

준비하기

1. 마늘, 생강은 채 썰어 놓는다.
2. 배추, 양파는 적당한 길이로 채를 썰고 부추는 6cm 길이로 자른다.
3. 오징어의 배 쪽에 칼집을 내어 채를 썰고, 해삼도 불린 것으로 준비하여 채 썬다.
4. 분량의 재료를 넣어 육수를 만든다.

만들기

1. 궁중 팬에 마늘, 생강, 대파를 볶아 향을 낸다.
2. 채소를 넣고 볶다가 굴소스, 간장, 청주를 넣고 볶는다.
3. 육수를 붓고 해물, 부추, 청양고추를 넣은 후 소금, 설탕, 후추로 양념한다.

Tip

- 사천탕면은 매운 육수가 특징이므로 사천고추를 구할 수 없으면 매운 청양고추 마른 것을 사용한다.

삼선자장면

만인이 좋아하는 중국요리 기호 1번인 자장면은 역설적으로 중국에는 없고 한국에만 있다. 인천 개항 시 차이나타운의 '공화춘'이라는 식당에서 처음 부두 노동자들을 대상으로 만들어졌다고 한다. 중국 춘장을 사용하여 고기와 채소를 볶아내고 물 녹말로 농도를 맞추어 윤기 나는 검은색 소스를 만들어 국수에 얹어 먹는다. 정작 중국에서는 짠맛이 강한 춘장만 살짝 비비는 전통 가정음식이었다고 한다. 최근 한류바람으로 자장면은 도리어 북경으로 역수출되고 있는 퓨전음식이다.

재료(4인분)

자장생면 300g, 갑오징어 150g, 해삼(불린 것) 50g, 새우 50g, 돼지고기 200g, 양파 1개, 애호박 100g, 양배추 10g, 감자 1개, 전분 20g, 식용유 50g, 설탕 10g
춘장볶음 | 춘장 50g, 식용유 30ml

실습 노트

준비하기

1. 돼지고기는 작게 썬다.
2. 양배추, 양파, 호박, 감자는 각각 사방 1cm 크기로 썬다.
3. 갑오징어는 배를 갈라 내장을 제거하고, 어슷하게 칼집을 넣는다.
4. 새우는 등을 갈라 내장을 제거한다.
5. 해삼은 불린 것으로 준비한다.

만들기

1. 먼저 팬에 식용유와 춘장을 넣고 은근히 볶는다.
2. 팬에 기름을 넉넉히 넣고 대파를 넣고 볶다가 돼지고기를 노릇하게 볶는다.
3. ②에 채소와 해산물을 넣고 볶다가 춘장을 넣는다.
4. ③에 물을 자작하게 부어 끓으면 간을 맞추고, 물 녹말을 넣어 농도를 맞춘다.
5. 끓는 물에 생면을 삶아서 찬물에 헹구어 담고 ④를 위에 끼얹는다.

Tip

- 생면을 삶을 때 국수가 노란색이 나며, 물 위로 끓어오르면 찬물을 부어가며 삶아야 국수의 면발이 퍼지지 않고 탱탱하다.

알밥

알밥은 뜨거운 뚝배기에 담긴 밥 위에서 톡톡 터지는 알의 고소한 맛이 일품이다. 그러나 알에는 콜레스테롤이 많아 심혈관계질환이 있는 사람이나 고혈압, 고지혈증이 있는 사람은 과식하지 않도록 자제하여야 한다.

재료(1인분)

밥 200g, 날치알 50g, 참기름 15ml, 오이 30g, 깻잎 5장, 김가루 10g, 김치 30g, 통깨 약간, 잣 약간

고추냉이 간장 | 고추냉이즙 5g, 간장 15ml

실습 노트

준비하기

1. 오이와 깻잎은 곱게 썬다.
2. 김치는 송송 썰어 물기를 제거하고 참기름, 깨소금으로 무친다.

만들기

1. 그릇에 밥을 담고 깻잎, 오이, 김치, 날치알을 올린다.
2. 김가루와 깨소금, 참기름으로 마무리한다.
3. 불 위에 올려 바닥에서 짜작 소리가 날 때까지 익힌다.
4. 고추냉이 간장을 곁들인다.

Tip

- 날치 알밥 위에 김치 대신 단무지를 곱게 채 썰어 올려도 아삭거리는 맛이 일품이다.

양배추말이찜

양배추는 수용성 식이섬유소가 많아 만복감을 주는 좋은 다이어트 식품이다. 또 위장을 보호하는 성분이 있는 것으로 알려져 위궤양이나 십이지장궤양 환자들이 양배추 생즙을 마시기도 한다. 그러나 특유한 향 때문에 비위가 상한다는 사람도 많다. 부드러운 닭고기나 새우소를 넣어 양배추말이 찜을 하면 맛도 좋고 양배추를 한꺼번에 먹을 수 있어 일석이조라 하겠다.

재료(2인분)

양배추 잎 10장, 새우 살 200g, 닭가슴살 200g, 표고버섯(불린 것) 5개, 전분가루 300g, 다진 마늘 15g, 다진 파 15g, 소금 약간, 후추 약간, 참기름 약간

양념장 | 고추장 15g, 간장 15ml, 후추 3g, 설탕 10g, 참기름 15ml, 물 50ml

실습 노트

준비하기

1. 양배추는 넓은 겉잎을 준비하여 끓는 물에 살짝 데친다.
2. 새우 살은 굵게 다진다.
3. 닭고기는 가슴살로 준비하여 다진다.
4. 불린 표고는 다진다.

만들기

1. 새우, 닭고기, 채소를 혼합하여 양념한다.
2. 양배추를 깔고 전분 가루를 묻혀 ①의 재료를 넣어 돌돌 말아 감싼다.
3. 얇은 냄비에 양념장을 한소끔 끓여서 양배추말이를 넣고 익힌다.
4. 국물이 윤기가 날 때까지 조린다.

Tip

- 양배추 잎이 조금 두꺼워 잘 말리지 않으면 칼 등으로 두드려 부드럽게 하면 잘 말린다.

양장피 잡채

대표적인 집들이 음식이자 손님초대 요리인 양장피 잡채는 고구마전분으로 얇게 만든 양장피와 각종 채소를 채를 쳐서 겨자소스에 무쳐내는 요리이다. 겨자는 고대인들이 같은 무게의 황금보다도 높이 평가한 향신료 중의 하나로 만병통치약처럼 사용하였다. 현대에 와서 겨자 속에 들어있는 시니그린 성분이 특유의 톡 쏘는 맛을 내면서 항산화효과와 방부효과가 있는 것으로 밝혀져 고대인들의 믿음이 헛된 것은 아니었음을 입증하고 있다.

재료(4인분)

양장피 50g(3장), 돼지고기 100g, 새우 100g, 맛살 30g, 당근 50g, 청피망 1/2개, 홍피망 1/2개, 달걀 2개, 청오이 1개, 양파 1/2개, 오징어 1마리, 해삼채 50g, 건 표고버섯 2개

겨자소스 | 겨자가루 20g, 간장 15ml, 식초 45ml, 설탕 30g, 소금 5g, 참기름 15ml, 녹말풀 75ml

실습 노트

준비하기

1. 양장피는 찬물에 불린다.
2. 오징어 내장과 껍질을 깨끗이 제거하고 채를 썰어 끓는 물에 데친다.
3. 새우는 데친다.
4. 돼지고기는 결대로 채를 썰고 간장, 설탕, 참기름, 후추로 밑간을 한다.
5. 양파, 당근, 청피망, 홍피망은 채로 썰어 놓는다.
6. 오이는 돌려 깎기 하여 채로 썬다.
7. 달걀은 황백으로 나누어 지단을 부쳐 채로 썬다.
8. 겨자가루를 따뜻한 물로 되직하게 희석하여 발효시킨다.

만들기

1. 끓인 녹말풀에 겨자즙, 식초, 설탕, 간장, 소금, 물을 분량대로 넣고 농도를 맞춘 후 참기름으로 마무리하여 소스를 만든다.
3. 양장피는 끓는 물에 데쳐서 찬물에 헹구고, 간장, 참기름으로 밑간을 한다.
4. 모든 채소는 볶아서 소금, 참기름으로 간을 한다.
5. 넓은 접시에 각종 재료들을 보기 좋게 돌려 담고 가운데 양장피를 담는다.
6. 돼지고기, 부추, 양파는 볶아서 양장피 위에 얹는다.
7. 겨자소스를 곁들인다.

Tip

- 양장피는 미리 삶으면 서로 엉기게 된다. 따라서 미리 찬물에 불렸다가 요리 완성 직전에 데친다.

연저육찜

통삼겹살을 한번 삶은 뒤 기름에 지져 껍질을 바삭하게 만들고 이를 불고기 소스에 조려 낸 연저육찜은 중국의 동파육을 한식으로 변형한 요리이다. 사과는 돼지고기와 궁합이 잘 맞는 재료로 사과에 든 구연산이 돼지고기의 냄새를 없애고 육질을 부드럽게 하는 역할을 한다.

재료(4인분)

삼겹살 1kg, 양파 1/2개, 사과 1/4개, 대파 1/2뿌리, 마늘 3쪽, 생강 1쪽, 청주, 월계수 잎 1장, 건 고추 3개, 통후추 3g, 캐러멜소스 10g, 물엿 50ml, 인삼 1뿌리, 은행 5알

실습 노트

준비하기

1. 삼겹살을 끓는 물에 데쳐 기름기를 제거한다.
2. 데친 삼겹살을 팬에 지진다.

만들기

1. 팬에 지진 삼겹살을 양념재료와 함께 물을 넉넉히 붓고 삶는다.
2. ①의 삼겹살은 고기가 완전히 연해질 정도로 삶아지면 건져낸다.
3. 나머지 소스는 물기가 졸아들 때까지 끓여서 체에 거른다.
4. 삼겹살을 모양 있게 썰어서 접시에 담고, 은행, 인삼으로 고명한다.
5. ④에 ③의 소스를 끼얹는다.

Tip

- 팬에 삼겹살을 지질 때 가장자리가 노릇하게 바짝 지져야 삶을 때 뭉그러지지 않는다.

오븐 스파게티

토마토는 생으로 먹는 것보다 올리브유에 볶아서 끓일 때 생리 활성물질인 라이코펜 성분이 더 잘 흡수된다고 한다. 오븐 스파게티는 토마토소스로 버무린 스파게티 위에 치즈를 뿌려 다시 한 번 구워낸 그라탕 요리이다. 한 번 더 구워내기 때문에 스파게티를 삶을 때 너무 익히지 않도록 주의한다.

재료(1인분)

스파게티 국수 100g, 모차렐라 치즈 100g, 햄 20g, 양파 20g, 피망 10g, 양송이 2개, 올리브유 약간

소스 | 다진 쇠고기 100g, 샐러리 30g, 당근 30g, 다진 마늘 15g, 토마토 1/2개, 양파 1/2개, 토마토 퓨레 100ml, 비프스톡 500ml, 월계수 잎 1장, 바질 5g, 오레가노 3g, 파프리카 5g, 적포도주 30ml, 통후추, 소금, 설탕

실습 노트

준비하기

1. 양파, 당근, 샐러리, 쇠고기는 곱게 다진다.
2. 소스 만들기
   ① 다진 재료를 볶다가 토마토 퓨레를 넣고 다시 볶는다.
   ② 비프 스톡을 넣고 월계수 잎, 통후추, 바질을 넣고 은근히 끓인다.
   ③ 어느 정도 농도가 생기면, 토마토, 레드와인을 넣고 끓인다.
   ④ 오레가노, 파프리카, 소금, 후추, 설탕으로 간을 한다.

만들기

1. 스파게티 국수는 끓는 물에 소금과 올리브유를 넣고 끓인다.
2. 팬에 올리브유를 넣고 국수를 볶다가 만들어진 스파게티 소스를 넣어 다시 볶는다.
3. 그라탕 용기에 국수를 넣고 모차렐라 치즈를 얹은 다음 250℃ 예열된 오븐에서 색깔이 나도록 익힌다.

Tip

• 스파게티 면은 끓는 물에 소금, 올리브유를 넣고 7분 정도 삶는다.

오향장육

돼지의 알사태를 팔각, 화조(중국 산초), 계피, 정향, 진피(귤껍질 말린 것)의 5가지 향신료 물에 삶아낸 대표적인 사천요리이다. 오향은 각각 구매할 수도 있지만 최근에는 모두 섞어서 오향가루를 팔기도 함으로 간편하게 사용할 수 있다. 한국인들에게는 정향이나 팔각의 향이 낯설게 느껴질 수도 있으므로 돼지고기 누린내를 없애는 정도로 양을 조절한다.

재료(4인분)

돼지알사태 1kg

오향소스 양념 | 팔각 10개, 정향 3개, 월계수 잎 1장, 대파 1뿌리, 생강 10g, 마늘 15g, 간장 50ml, 양파 5g, 한천 1g, 물엿 50ml

실습 노트

준비하기

1. 사태는 실로 감아 끓는 물에 데쳐낸다.

만들기

1. 냄비에 오향소스 양념재료와 사태가 잠길 정도로 물을 붓고 1시간 정도 삶는다(또는 3시간 정도 찐다).
2. 사태고기가 어느 정도 익으면 한천을 넣는다.
3. 고기 삶은 육수를 졸여서 체에 거른다.
4. 삶은 고기의 실을 풀고 썰어 접시에 가지런히 담는다.
5. ④에 ③의 소스를 끼얹고 고추기름을 곁들인다.

Tip

- 사태고기를 너무 삶으면 썰어 놓을 때 고기가 부서지므로 젓가락으로 찔러보아 핏물이 나지 않으면 불을 끈다.

월남쌈

더운 베트남에서는 불을 사용하지 않고 먹을 수 있는 쌀요리가 많은데 여름철에 많이 먹는 요리가 월남쌈이다. 쌀죽을 얇게 부쳐 말린 쌀종이를 더운물에 담그면 부드러워지는데 여기에 각종 채소와 새우, 구운 고기편을 넣어 싸먹는다. 월남쌈은 칼로리가 적으면서도 비타민과 무기질이 많아 한국에서도 인기 있는 여름 웰빙음식이다.

재료(4인분)

라이스페이퍼 20장, 쇠고기 200g, 새우 200g, 무순 1팩, 오이 1/2개, 달걀 2개, 당근 100g, 양파 1/2개, 깻잎 10장, 김 5장, 숙주 100g, 파인애플 4쪽

생선소스 | 다진 마늘 10g, 홍고추 1개, 청양고추 3개, 설탕 15g, 식초 30ml, 생선소스(까나리액젓) 30ml, 땅콩가루 45g, 레몬주스 15ml

참깨겨자소스 | 발효된 겨자 15g, 참깨가루 30g, 간장 15ml, 식초 15ml, 물 15ml, 설탕 15g, 소금 5g, 참기름 15ml

실습 노트

준비하기

1. 쇠고기는 샤브샤브용으로 준비한다.
2. 새우는 내장을 다듬어서 삶는다.
3. 오이는 돌려 깎기하고, 당근, 양파는 채 썬다.
4. 달걀은 황·백 지단으로 부치고 채 썬다.
5. 파인애플은 먹기 좋은 크기로 잘라 놓는다.
7. 깻잎과 구운 김은 잘라 놓는다.
8. 숙주는 소금을 넣고 살짝 데친다.

만들기

1. 쇠고기는 끓는 물에 데친다.
2. 소스 만들기

   생선소스 : 다진 마늘, 홍초, 청초, 설탕, 식초, 생선소스, 물, 다진 땅콩, 레몬즙 등을 넣고 혼합한다.

   참깨겨자소스 : 발효된 겨자, 간장, 식초, 물, 설탕, 소금, 참기름을 넣고 혼합한다.
3. 준비된 재료들을 접시에 돌려 담는다.
4. 미지근한 물에 라이스페이퍼를 데쳐내고 준비된 재료를 넣고 말아 소스를 곁들여 먹는다.

Tip

• 라이스페이퍼는 쌀로 만들었기 때문에 뜨거운 물에 잠깐(3~5초 정도) 넣었다가 건져내야 붙지 않는다.

육개장

개장국을 꺼리는 사람들을 위해 개고기 대신에 쇠고기를 넣어 개장국처럼 맵게 끓이는 국으로 복중의 시식(時食)이다. 양지머리와 양, 곱창, 채소를 넣고 푹 삶는다. 찢어 놓은 파를 끓는 물에 살짝 데쳐 건져 양념한 고기와 함께 장국에 넣고 한소끔 끓인 뒤 고추기름을 넣고 다시 끓여 소금이나 고추장으로 간을 맞추어 낸다.

재료(1인분)

양지머리 200g, 대파 2뿌리, 숙주 100g, 고사리 50g, 다진 마늘 15g, 참기름 5ml, 설탕 5g, 소금 5g, 후추 2g, 국간장 15ml, 고추기름 양념장 5ml

고추기름 양념장 | 식용유 200ml, 양파 50g, 대파 20g, 건 고추 3개, 마늘 10g, 생강 10g, 고춧가루 200g

실습 노트

준비하기

1. 양지(잡뼈)는 물에 담가 핏물을 제거한다.
2. 대파는 5cm 가량의 편으로 썬다.
3. 고사리는 5cm 길이로 정리한다.

만들기

1. 핏물을 제거한 양지(잡뼈)를 끓는 물에 데치고 다시 물을 부어 푹 고아 육수를 우려낸다.
2. 대파와 숙주는 육수에 데쳐낸다.
3. 양지고기는 편으로 얇게 썬다.
4. 대파, 숙주, 고사리, 양지편육은 고추기름 양념장으로 무친다.
5. 끓는 육수에 ④의 재료와 사태고기를 넣고 소금, 후추, 국간장으로 간을 한다.

Tip

• 고추기름 양념 만들기

1.식용유와 준비된 채소를 같이 넣고 튀기다가 채소가 튀겨지면 건져낸다.

2.식용유를 식혀 고춧가루를 넣어 불린다.

잡채밥

다양한 채소를 한꺼번에 먹을 수 있는 잡채를 밥 위에 올려 일품으로 만든 음식이다. 이때 사용하는 당면은 가는 한국식 당면보다 굵은 중화당면이 탱탱해서 잘 어울린다.

실습 노트

재료(1인분)

불린 중화당면 100g, 밥 200g, 돼지고기(등심) 100g, 양파 1개, 당근 1/2개, 목이버섯 5g, 시금치(부추) 50g, 달걀 1개

양념장 | 다진 마늘 15g, 다진 대파 10g, 진간장 30ml, 굴소스 15ml, 고추기름 15ml, 설탕 5g, 후추 2g, 참기름 15ml, 식용유

준비하기

1. 중화당면은 찬물에 3시간 이상 불린다.
2. 돼지고기, 당근, 양파는 채 썬다.
3. 시금치(부추)는 깨끗이 씻어 놓는다.
4. 목이버섯은 불린다.

만들기

1. 팬에 식용유를 넣고 돼지고기가 색깔이 나도록 볶다가 고추기름을 넣고 마늘, 생강, 대파, 양파, 당근 순으로 볶는다.
2. 굴소스, 간장, 설탕, 후추를 넣어 간을 한 다음 불린 당면과 시금치를 넣고 볶는다.
3. 참기름으로 맛을 낸 다음 접시에 밥을 담고 볶은 잡채를 올린다.

Tip

- 당면을 볶을 때 육수(물)를 넣어가며 볶아야 엉겨 붙지 않는다.
- 굵은 중화당면을 사용해야 잘 붙지 않는다.

참치샌드위치

참치는 100g만으로도 남성의 일일 단백질 필요량의 절반을 공급해 주는 고단백 다이어트 식품으로 알려져 있다. 게다가 불포화지방산인 EPA 등이 많아 머리를 좋게 만드는 브레인 푸드로 성장기 어린이 간식용으로 샌드위치에 이용하면 좋다.

재료(1인분)

참치(캔) 100g, 양파 50g, 피클 50g, 양상추 2장, 식빵 4장, 마요네즈 30ml, 머스터드 5ml, 소금 약간 , 후추 약간

머스터드 마요네즈 | 마요네즈 30ml, 머스터드 10ml

실습 노트

준비하기

1. 양파, 피클은 곱게 다진 후 물기를 짠다.
2. 참치 캔은 기름기를 제거하고 물기를 짠다.

만들기

1. 참치, 채소 등 준비된 재료와 마요네즈, 머스터드를 혼합한다.
2. 식빵 안쪽에 머스터드 마요네즈를 바르고 양상추를 올린 다음 준비된 ①의 내용물을 펴 바르고 식빵을 덮는다.

Tip

• 양파, 피클, 참치의 물기를 꽉 짜서 조리하면 샌드위치 자를 때 깨끗하게 잘라진다.

초계탕

식초의 '초', 겨자를 계자라고도 하는데 이 '계'자를 따서 초계탕이라 부른다. 차갑게 만들어 여름에 먹는데 원기가 약하거나 입맛이 없을 때 기력회복에 좋은 보양식이다.

재료(1인분)

닭 1/2마리, 메밀면 50g, 마늘 2쪽, 생강 1쪽, 청주 30ml, 오이 1/2개, 달걀 1개
양념 | 소금 15ml, 국간장 15ml, 설탕 10g, 식초 30ml, 겨자즙 10g

실습 노트

준비하기

1. 닭에 마늘, 생강, 청주를 넣고 무르게 삶아 살은 찢고 국물은 기름기 없이 깨끗이 걸러낸다.
2. 오이는 반으로 갈라 어슷하게 썰어 소금에 절인다.
3. 달걀은 황·백 지단을 부쳐 채를 썰거나 골패모양으로 썬다.

만들기

1. 절인 오이의 물기를 꼭 짜 놓는다.
2. 닭 육수에 소금, 국간장, 설탕, 식초, 겨자즙으로 간을 하고 차게 식힌다.
3. 면기에 메밀면을 삶아 찬물에 헹구어 돌돌 말아 담고 찢어 놓은 닭살과 오이, 달걀지단으로 고명한다.
4. ③에 차게 식힌 육수를 붓는다.

Tip

• 메밀면 대신 청포묵을 채 썰어 사용하기도 한다.

칠리새우

튀긴 새우에 토마토케첩과 두반장을 혼합하여 매콤달콤하게 만든 소스를 끼얹은 고급 해물요리이다. 케첩은 미국식 양념으로 생각하기 쉬운데 실제로 케첩의 출발은 광동지역이다. 17세기에 이미 발효된 생선에 식초와 설탕 향신료를 더하여 톡 쏘는 맛이 나는 소스가 께깝(kechap)이라는 이름으로 판매하였다고 한다. 이것이 아메리카 대륙으로 건너가 토마토가 첨가되면서 오늘날 우리가 아는 토마토케첩이 되었다.

재료(1인분)

중화새우 200g, 달걀 1개, 녹말전분 60g, 완두콩 15g, 양파 1/4개, 매운 고추 1개, 당근 30g

소스 I 다진 파 15g, 다진 마늘 15g, 두반장 15ml, 케첩 50ml, 식초 25ml, 설탕 20ml, 진간장 15ml, 물 150ml

실습 노트

준비하기

1. 새우는 껍질을 손질하여 등 쪽의 내장을 제거하고 생강즙, 청주를 뿌려둔다.

만들기

1. 준비된 새우에 전분, 달걀로 튀김옷을 입혀 2번 튀겨낸다.
2. 팬에 마늘, 생강, 파, 양파, 고추, 두반장을 넣고 볶다가 토마토케첩, 물, 설탕, 식초로 소스를 만들고 녹말 물을 풀어 농도를 맞춘다.
3. ①의 튀긴 새우를 소스에 넣어 버무리고 참기름, 다진 파, 통깨, 완두콩을 뿌린다.

Tip

• 가정에서 두반장 대신 홍고추와 고추장을 사용하여 맛을 내기도 한다.

탕수육

'탕'은 설탕을 의미하고 '수'는 식초를 뜻한다. 중국음식에서 육은 돼지고기를 의미하기 때문에 튀긴 돼지고기에 새콤달콤한 소스를 얹은 음식이다. 탕수육은 동서양, 남녀노소 누구나 좋아하는 중국음식으로 미국에서는 오렌지 치킨이라는 메뉴로 팔린다. 탕수육의 식초와 설탕 대신 오렌지즙을 이용해 새콤달콤한 맛을 살렸다는 뜻이다.

재료(4인분)

돼지고기 300g, 달걀 1개, 감자전분 300g , 당근 50g, 오이 50g, 목이버섯 10g, 양파 1/2개, 파인애플 1/2개, 완두콩 10g

소스 | 대파 10g, 간장 50ml(1국자), 식초 50ml(1국자), 설탕 60g(2국자), 물 300ml(6국자), 참기름 15ml, 청주 15ml

실습 노트

준비하기

1. 고기는 길이 4cm, 두께는 1cm 크기로 썬 후 생강즙, 청주로 밑간한다.
2. 당근, 오이, 양파, 파인애플은 모양을 내어 썬다.
3. 목이버섯은 물에 불려 먹기 좋은 크기로 찢어 놓는다.
4. 완두콩 캔을 준비하고, 대파는 3cm로 썰어둔다.

만들기

1. 고기에 전분과 달걀을 넣어 되게 반죽하여 기름에 2번 튀긴다.
2. 팬에 기름을 두르고 약한 불에서 대파를 색깔이 나게 볶다가 청주를 넣는다.
3. ②에 간장을 넣고 조린 다음 채소를 볶아준 후 물을 넣고 끓으면 설탕, 식초를 넣는다.
4. ②에 물 전분을 넣어 농도를 맞춘 후 튀긴 고기를 넣고 섞어준다.
5. 참기름으로 마무리하여 접시에 담는다.

Tip

- 소스의 비율은 같은 크기의 국자(보통 50ml)로 간장 1, 식초 1, 물 6의 비율로 하면 맛있는 소스를 만들 수 있다.
- 튀김전분으로 100% 감자전분을 사용해야 튀김옷이 바삭하게 잘 부풀어 오른다.

표고찜

말린 표고버섯에는 생 표고보다 몇 배의 비타민 D가 들어있다. 비타민 D는 지용성으로 기름을 이용한 음식과 같이 먹을 때 더 흡수가 잘 되기 때문에 표고찜도 한번 지진 뒤에 찜을 하는 것이 좋다. 표고를 불린 물에는 천연 아미노산이 우러나와 맛을 내므로 찜국물에 같이 사용하면 더 효과적이다.

재료(4인분)

건 표고버섯 20개, 닭고기 200g, 새우살 200g, 다진 마늘 15ml, 다진 파 10ml, 청주 10ml, 전분, 식용유

조림국물 | 진간장 45g, 다진 마늘 15g, 다진 파 15g, 설탕 15g, 청주 15ml, 후춧가루 5g, 참기름 15g, 깨소금 10g

실습 노트

준비하기

1. 건 표고버섯을 불린 후 기둥을 떼어내고 물기를 제거한다.
2. 닭고기와 새우를 다진다.

만들기

1. 닭고기와 새우에 청주, 소금, 후추, 참기름, 깨소금, 다진 마늘, 다진 파를 넣고 골고루 섞는다.
2. 표고버섯 안쪽에 전분을 묻히고 ①의 재료를 동그랗게 채운 뒤 다시 전분을 바른다.
3. 팬에 기름을 넉넉히 넣고 ②를 지진다.
4. 냄비에 조림국물을 넣고 끓인 다음 ③의 재료를 넣고 윤기 나게 조린다.

Tip

• 표고 속에 들어갈 재료는 쇠고기, 닭고기, 돼지고기를 사용하여도 좋다.

한국식 깐풍기

깐풍기은 마르게 볶은 닭고기라는 뜻으로 한국식 매콤한 간장 양념에 튀긴 닭을 볶아낸 요리이다. 닭은 쇠고기에 비해 메티오닌 등 필수 아미노산이 더 많이 들어있고 단백질의 함량도 많다. 또 닭고기의 지방은 주로 피하에 침착되어 근육에는 분포하지 않기 때문에 튀기기 전에 껍질을 제거하면 섭취 열량을 줄일 수 있다.

재료(4인분)

닭 1마리, 건 고추 5개, 대파 1줄기, 마늘 5개, 청양고추 3개, 생강 약간
소 스 | 간장 50ml, 설탕 20g, 식초 20ml, 육수 50ml, 참기름 15ml, 후춧가루 2g

실습 노트

준비하기

1. 닭고기의 뼈를 제거한 후 살코기를 먹기 좋은 크기로 자른다.
2. 대파, 마늘, 생강, 건 고추, 청양고추를 송송 다진다.

만들기

1. 닭고기에 청주, 생강즙으로 재워둔다.
2. ①의 닭고기를 달걀, 녹말가루로 반죽하여 바삭하게 튀긴다.
3. 팬에 마늘, 생강, 건 고추, 대파를 볶다가 향이 나면 정종, 간장, 육수, 설탕, 식초를 넣고 조린다.
4. 튀긴 닭고기를 소스에 버무리고 참기름으로 마무리한다.

Tip

• 깐풍기는 간장소스에 조린 닭튀김으로 녹말소스를 풀지 않아 깔끔한 맛이 특징이다.

해파리냉채

최근 들어 해파리는 새로운 건강다이어트 식품으로 각광받고 있다. 해파리에는 콜라겐과 유사한 젤라틴 단백질이 많아 피부미용에 좋을 뿐 아니라 100g에 겨우 32kcal밖에 안 되는 초저열량식품이다. 또 해파리에는 콘드로이친이라는 연골성분이 많이 들어있어 관절염 환자에게 좋다.

재료(4인분)

해파리냉채 400g, 오이 1개, 배 1/2개, 새우 100g, 오향장육 100g, 송화단 1개
마늘소스 | 다진 마늘 30g, 식초 100ml, 설탕 30g, 고추냉이 15g, 참기름 15g

실습 노트

준비하기

1. 해파리는 끓는 물에 살짝 데쳐 냉수에 헹군다.
2. 오이와 배는 채 썬다.
3. 새우는 끓는 물에 데쳐 반으로 가른다(맛살도 가능).
4. 송화단은 20분 정도 삶는다.

만들기

1. 마늘소스를 분량대로 혼합한다.
2. 먼저 해파리를 마늘소스에 무친다.
3. 오이와 배를 넣어 가볍게 버무린다.
4. 접시에 오향장육과 새우, 송화단을 가지런히 놓고 가운데 해파리무침을 올린다.

Tip

- 송화단 : 짚과 진흙에 삭힌 오리알을 뜻한다.
- 오향장육 참조

창업을 위한 웰빙 우리음식

초판 1쇄 인쇄 2011년 9월 15일
초판 1쇄 발행 2011년 9월 20일

저　자 | 이애자, 최정희, 서강태, 정지연
사　진 | 지윤석

펴낸이 | 김호석
펴낸곳 | 도서출판 대가
편집부 | 김현, 김여정, 권순현
디자인 | 우정숙, 김진나
마케팅 | 민경업, 안찬웅
관　리 | 안미현

등록　제 311-47호
주소　서울시 마포구 상수동 6-1 대한실업빌딩 301호
전화　02) 305-0210 / 306-0210 / 336-0204
팩스　02) 305-0224
전자우편　dga1023@hanmail.net
홈페이지　www.bookdaega.com

ISBN 978-89-6285-078-9 93590